Clefs / Politique

Les politiques de l'Union européenne

François d'Arcy
Professeur émérite de l'Institut d'études politiques de Grenoble

Montchrestien

Retrouvez tous nos titres
Defrénois - Gualino - Joly
LGDJ - Montchrestien
sur notre site

© 2003, Éditions Montchrestien, E.J.A.
31, rue Falguière, 75741 Paris Cedex 15
I.S.B.N. 2-7076-1356-8
I.S.S.N. 1159-2281

Sommaire

Introduction 7

L'Europe au carrefour : bilan et perspectives *11*
    L'exemple le plus réussi d'intégration économique régionale *12*
    L'Union européenne comme projet inachevé d'intégration politique *15*
    Élargissement et réforme institutionnelle : les deux défis de l'Union européenne................ *18*

Les fondements juridico-institutionnels des politiques européennes *23*
    Les Traités, fondement des politiques de l'Union européenne.................................. *24*
    Le dispositif institutionnel........................ *29*
    Les instruments juridiques et financiers............ *43*

L'unification du marché intérieur *51*
    Le marché intérieur des marchandises, des services et des capitaux................................ *52*
    Les corrections des défauts du marché : protection des consommateurs et de l'environnement......... *57*
    La création de la monnaie unique.................. *61*

Les secteurs qui dérogent au principe de libre concurrence et la politique régionale *65*
    La Politique Agricole Commune (PAC) *66*
    La politique de la pêche *69*
    La libéralisation des services d'intérêt économique général (télécommunications, transports, énergie) *71*
    La politique régionale............................ *81*

Du travailleur au citoyen : la situation des personnes dans l'Union européenne 87
    La libre circulation des personnes dans le marché commun 88
    La protection des travailleurs 90
    « Un espace de liberté, de sécurité et de justice » 95
    La citoyenneté de l'Union 103

La coordination des politiques économiques et sociales des États membres 105
    La coordination des politiques économiques et de l'emploi 106
    Une stratégie concertée pour moderniser la protection sociale 111
    Espace européen de la connaissance et Société de l'information 115

Les politiques extérieures de l'Union européenne 119
    L'Union européenne dans les relations économiques internationales : politique commerciale commune et politique de coopération 122
    La Politique extérieure et de sécurité commune (PESC) 134

Conclusion 141

Bibliographie 145

Index 147

INTRODUCTION

Connaître l'histoire de l'Union européenne, ses institutions, son fonctionnement ne soulève plus guère de difficultés : il ne manque pas de bons ouvrages destinés aux étudiants ou au grand public qui permettent d'acquérir facilement les notions et connaissances de base en la matière, à commencer, dans cette collection même, par le désormais classique ouvrage de Jean-Louis Quermonne [1].

Il est, en revanche, plus difficile de savoir ce que fait l'Union européenne : les politiques publiques de l'Union restent largement affaire de spécialistes. Qui plus est, elles sont généralement traitées séparément, chaque secteur faisant l'objet d'innombrables articles, ouvrages, comptes-rendus de colloques ou séminaires... La complexité de chacune de ces politiques, leurs liens avec les politiques nationales correspondantes, obligent les chercheurs à se spécialiser et découragent une présentation d'ensemble [2]. La vision qu'on peut avoir de l'Union européenne se trouve ainsi tronquée, alors même que la dynamique de l'intégration européenne s'est construite autour de projets et de politiques pour lesquels les États acceptaient de mettre en commun leur compétence et transférer une partie de leur souveraineté.

Notre but est de combler pour partie cette lacune par un ouvrage qui présente les différentes politiques européennes sous une forme à la fois synthétique et didactique. Nous espérons ainsi aider à

---

[1] *Quermonne Jean-Louis, Le système politique de l'Union européenne, Paris, Montchrestien (coll. « Clefs »), 2002 (5ᵉ éd.). Voir aussi Doutriaux Yves, Lequesne Christian, Les institutions de l'Union européenne, Paris, La Documentation française, 2001 (4ᵉ éd.) ; Bertrand Geneviève, La prise de décision dans l'Union européenne, Paris, La Documentation française, 2002 (2ᵉ éd.). Les très nombreux manuels et autres ouvrages didactiques de droit communautaire donnent également une description des institutions.*

[2] *On trouvera une série de chapitres sur les différentes politiques européennes, écrits chacun par un spécialiste, dans L'Union Européenne, Paris, La Documentation française (Coll. « Les notices »),1999. L'ouvrage de Nicolas Moussis, régulièrement remis à jour, fait une présentation de chaque politique et constitue un bon ouvrage de référence : Moussis Nicolas, Guide des politiques de l'Europe, Bierges, Edition Mols/Pédone, 2001. Il faut également signaler le développement d'études juridiques consacrées à l'action de l'Union européenne, dans ce qu'il est convenu d'appeler le droit communautaire matériel : cf. notamment Dubouis Louis, Blumann Claude,* Droit communautaire matériel, *Paris Montchrestien, 1999.*

surmonter quelques unes des difficultés qu'entraîne une étude séparée de chaque politique, occultant la manière dont les politiques sont reliées entre elles ou laissant penser qu'un même schéma d'analyse puisse être transposé d'une politique à l'autre alors qu'elles obéissent à des logiques différentes.

Nous présenterons les politiques européennes dans leur état actuel. Cela ne pouvait se faire sans quelques références au passé, bien que nous n'ayons pas cherché systématiquement à retracer l'histoire de chaque politique. Mais surtout, cela ne peut se faire sans référence au futur. En effet, les élargissements décidés ou prévisibles, qui vont prochainement accroître à la fois le nombre d'États membres et l'hétérogénéité de l'Union européenne, la placent à la veille de changements considérables qui commandent l'évolution de ses politiques. Pour permettre une meilleure compréhension de ce moment particulier que traverse l'Europe, il est utile de montrer tout d'abord « l'Union européenne au carrefour », traçant son bilan et ses perspectives (chapitre 1, p. 11).

Sans prétendre présenter dans le détail les institutions européennes ni revenir sur les débats auxquels elles donnent lieu, il a semblé indispensable de consacrer un chapitre aux fondements juridico-institutionnels des politiques (chapitre 2, p. 23), passage nécessaire pour comprendre leur fonctionnement. Ce chapitre permet également à ceux qui ne sont pas encore familiers des institutions européennes de trouver les informations nécessaires à la lecture des chapitres suivants sans avoir à recourir à d'autres ouvrages.

Le choix le plus délicat concernait l'ordre dans lequel présenter les politiques européennes. Comme nous le verrons dans la suite de l'ouvrage, la liste de ces politiques s'est allongée au fil des réformes de manière très empirique de sorte que s'en tenir à la présentation qu'en font les traités ne permet guère d'en acquérir la compréhension. Dans les chapitres 3 à 7, consacrés à la présentation des politiques, celles-ci ont été regroupées à partir des logiques d'action de l'Union européenne. La première et la plus importante de ces logiques est la mise en place du marché intérieur unifié (chapitre 3, p. 51) qui tolère cependant que certaines politiques dérogent au principe de libre concurrence qui en est le fondement (chapitre 4, p. 65). Dans ce marché unifié, la libre circulation des personnes, qui en est une des composantes, a pris progressivement une dimension plus vaste, liée à la citoyenneté européenne, ce qui oblige à en traiter de manière distincte (chapitre 5, p. 87). La coordination des politiques économiques et sociales, qui restent de la compétence des États nationaux, est une exigence de mieux en mieux acceptée comme complément de l'unification du marché et elle a trouvé, dans le « processus de Lisbonne » un cadre élargi et une nouvelle ambition (chapitre 6, p. 105). Enfin, les politiques extérieures de l'Union seront présentées ensemble afin d'en saisir les cohérences (chapitre 7, p. 119) [3].

Il n'était évidemment pas possible de traiter chaque politique en détail, ni même de les présenter toutes. Nous avons surtout cherché à retenir ce qui est nécessaire pour acquérir une vision globale et comprendre les interrelations et les logiques d'action. Par ailleurs, nous avons renoncé à faire suivre chaque politique d'une bibliographie particulière. En effet, le lecteur qui voudrait approfondir tel ou tel secteur n'a pas besoin du même type de références bibliographiques selon le niveau d'approfondissement ou selon l'orientation, juridique, économique ou politique, qu'il veut donner à sa recherche, et une bibliographie raisonnée et commentée sur chaque politique sortait du cadre de cet ouvrage [4].

Enfin, il nous faut dire quelques mots sur les fondements théoriques de notre travail. Il s'inscrit dans la ligne des travaux de science politique qui, depuis quelques années, se sont attachés à une réflexion théorique sur les politiques publiques européennes. Parmi ceux-ci il convient de citer, entre autres, l'ouvrage pionnier de Y. Mény, P. Muller et J.L. Quermonne, les ouvrages de F. Scharpf, G. Majone, H. et W. Wallace, et C. Lequesne [5]. Pour ne pas alourdir

---

[3] *Sur ce thème, sur lequel il n'existe encore que très peu d'écrits en langue française, nous avons eu recours aux actes d'un colloque tenu au CERI en juin 2002, dont les actes sont à paraître* : Helly Damien, Petiteville Franck (éd.), La politique internationale de l'Union européenne, Paris, Presses Universitaires de France, 2003.

[4] *On trouvera une bibliographie à la fin de chaque chapitre du livre déjà cité de Nicolas Moussis. La source la plus facilement accessible reste le site de la Commission européenne qui présente des dossiers sur chacune des politiques de l'Union dont la qualité s'est sensiblement améliorée depuis quelque temps. La bibliographie figurant en fin de cet ouvrage donne seulement la liste des livres qui nous ont été le plus utiles pour son élaboration.*

[5] *Mény Yves, Muller Pierre, Quermonne Jean-Louis (éd.),* Politiques publiques en Europe, *Paris, L'Harmattan, 1995 ; Scharpf Fritz,* Gouverner l'Europe, *Paris, Presses de Sciences Po, 2000 ; Majone Giandomenico,* La Communauté européenne : un État régulateur, *Paris, Montchrestien (coll. « Clefs »), 1996 ; Wallace Helen, Wallace William (éd.),* Policy-Making in the European Union, *Oxford, Oxford University Press, 2000 (4th edition). Bien que se présentant comme une monographie sur la politique de la pêche, l'ouvrage de C. Lequesne ouvre également de nombreux aperçus théoriques :* Lequesne Christian, L'Europe bleue. A quoi sert une politique

le texte et rester dans les limites de cette collection, nous n'avons cependant pas jugé possible d'expliciter ces fondements théoriques et de multiplier les références dans le cours de l'ouvrage, préférant donner la priorité à la présentation du contenu même des politiques. De la sorte, nous espérons le rendre accessible au plus grand nombre indépendamment des spécialités universitaires.

Cet ouvrage est, pour partie, la traduction d'un ouvrage initialement publié au Brésil [6]. Je remercie les universités brésiliennes qui m'ont accueilli pour y donner les cours qui en ont été à l'origine, ainsi que les étudiants qui m'ont aidé par leurs questions et leurs remarques à préciser ma pensée. Je remercie plus particulièrement Marcelo de Almeida Medeiros, auteur d'une thèse soutenue à l'IEP de Grenoble sur le Mercosur [7], qui m'a généreusement accueilli dans le *mestrado* de science politique qu'il dirige actuellement à l'Université fédérale de Pernambuco. Je remercie enfin Christian Lequesne, Franck Petiteville, Jean-Louis Quermonne et Cécile Robert pour leurs encouragements à publier cette version française et pour les conseils qu'ils m'ont prodigués.

---

communautaire de la pêche, *Paris, Presses de Sciences Po, 2001. Dans le même sens on pourra également consulter des revues telles que la* Revue Française de Science Politique, Politiques et Management Publics *et* Politique Européenne.
[6] d'Arcy François, União Européia : instituições, políticas e desafios, *Rio de Janeiro, Konrad-Adenauer-Stiftung, 2002.*
[7] Medeiros Marcelo, La genèse du Mercosud : dynamisme interne, influence de l'Union européenne et insertion internationale, *Paris, L'Harmattan, 2000.*

L'Europe au carrefour : bilan et perspectives

Les années 2002-2003 apparaîtront, dans l'histoire de l'Europe, comme des années charnières. Si l'on se tourne vers le passé, les progrès accomplis depuis la déclaration Schuman de 1950 et la création de la CECA sont impressionnants : dans aucune autre partie du monde, dans aucune autre époque, des États souverains n'ont accepté de renoncer pacifiquement à une partie de leur souveraineté pour créer des formes d'intégration aussi poussées. Si, au contraire, on se tourne vers le futur, on voit que les défis qui attendent l'Europe sont bien plus redoutables : l'Union européenne, qui s'est construite progressivement entre les pays économiquement privilégiés de l'Europe occidentale, va brusquement s'élargir à un grand nombre de nouveaux membres économiquement beaucoup moins développés et dont les institutions démocratiques ne sont pas toujours stabilisées. L'Union européenne jusqu'ici si prudente, trop peut-être, dans sa progression, fait un saut dans l'inconnu. Aussi n'est-il pas possible de comprendre ce que sont l'Union européenne et ses politiques sans les mettre au préalable en perspective par rapport au passé qui leur a donné naissance et aux défis du futur qui commandent leur évolution.

Dès l'origine, l'Union européenne, alors Communauté économique européenne, s'est définie comme une forme d'intégration économique entre les États membres qui la composent. D'autres formes d'intégration économique régionales se sont multipliées dans le monde, particulièrement pendant les années 90, mais l'Union européenne apparaît aujourd'hui comme la forme la plus avancée d'intégration, réunissant presque tous les pays d'Europe occidentale dans un marché unifié de quelque 375 millions de consommateurs.

Toutefois, l'objectif de l'intégration européenne a toujours comporté une forte composante politique, comme le montre encore aujourd'hui l'élargissement aux États de l'Europe centrale et orientale qui répond à des préoccupations autant politiques qu'économiques. Ce versant politique de l'intégration européenne ne s'est cependant institutionnalisé que tard et non sans grandes difficultés.

Une intégration économique pleinement réussie, une intégration politique plus faible en dépit d'objectifs politiques toujours présents, tels sont les deux aspects de l'Union européenne qui ont déterminé le contenu de ses politiques et qui sont soumis aujourd'hui à des défis sans précédent.

L'exemple le plus réussi d'intégration économique régionale

Une forme inédite d'intégration économique : le marché intérieur unifié

Depuis la seconde guerre mondiale deux tendances sont en concurrence, ou en complémentarité, pour l'organisation du commerce mondial. D'un côté, une organisation au niveau mondial, avec les accords du GATT (General Agreement of Tariffs and Trade, 1948), devenus Organisation Mondiale du Commerce (OMC) en 1994, et dont l'objectif est l'adoption de règles semblables dans les relations commerciales entre tous les États, dans le but d'une libéralisation généralisée des échanges. D'un autre côté, la constitution de blocs régionaux, comme moyen de limiter certains effets négatifs de la mondialisation ou de contourner les difficultés d'une libéralisation au niveau mondial.

Chaque cas d'intégration régionale présente des caractéristiques propres. Les plus classiques sont, d'une part, la zone de libre échange, par laquelle les États suppriment les droits de douane et les restrictions non tarifaires dans leurs relations commerciales ; et, d'autre part, l'union douanière, qui ajoute à la zone de libre échange l'établissement de règles communes et un tarif extérieur commun dans les relations commerciales avec les états tiers. Nouvelle forme d'intégration créée en 1957 par le Traité de Rome, le marché commun complète l'union douanière en instaurant la libre circulation des marchandises, des services, des capitaux et des travailleurs.

Le caractère spécifique, mais aussi exemplaire, de l'Union européenne vient de ce que, comme forme d'intégration économique, elle est allée plus loin que toutes les formes passées ou actuelles. A l'origine, il s'agissait d'un marché commun. Les premières années, jusqu'à 1968, furent principalement consacrées à la réalisation de l'union douanière et à la mise en route de la politique agricole commune. Après la crise économique des années 70 et un certain ralentissement dans le processus d'intégration, une nouvelle impulsion fut donnée dans les années 80 : le traité appelé Acte unique européen, signé en 1986, avait pour objectif de supprimer, de là à 1992, tous les obstacles aux échanges, créant ainsi un marché unique.

Aujourd'hui, la Communauté européenne, « pilier » économique de l'Union européenne, se définit donc comme un « marché intérieur », c'est-à-dire « un espace sans frontières intérieures dans lequel la libre circulation des marchandises, des personnes, des services et des capitaux est assurée » (art. 14 du Traité de la Communauté européenne). L'objectif est donc que, dans le cadre des frontières de l'Union, le marché fonctionne réellement comme un marché intérieur unifié, le plus grand marché intérieur du monde en termes de production et le troisième en nombre de consommateurs, après la Chine et l'Inde.

L'ultime étape d'unification du marché a été l'unification monétaire, largement réalisée depuis l'adoption de l'euro comme monnaie unique par douze des quinze États de l'Union européenne. Le Royaume-Uni, principal opposant à des formes plus poussées d'intégration, ainsi que la Suède et le Danemark, n'ont pas souhaité pour le moment entrer dans l'euro, mais pourraient le faire dans les prochaines années.

La responsabilité de la régulation de ce grand marché a été transférée au niveau européen, ce qui implique le développement de politiques communes de plus en plus nombreuses (politique du commerce extérieur, politique de la concurrence, politique agricole, des transports, etc.). Dans d'autres domaines la responsabilité reste aux mains des États nationaux, ne donnant lieu qu'à une coordination entre les États membres. C'est notamment le cas pour les politiques macro-économiques, la politique de l'emploi, la protection sociale, la recherche et le développement de nouvelles technologies, l'éducation et la formation, etc. La coordination des politiques économiques est devenue encore plus nécessaire entre les États ayant une même monnaie, la politique monétaire étant pour sa part transférée sous la responsabilité de la Banque centrale européenne.

Forte de son intégration, l'Union européenne apparaît aujourd'hui comme un des principaux acteurs dans les relations économiques internationales, aux côtés des États-Unis. Que ce soit dans les relations commerciales bilatérales, dans les négociations avec d'autres blocs régionaux ou dans les négociations mondiales notamment à l'OMC, elle parle et agit au nom de ses États membres avec de plus en plus de poids.

Mais l'intégration économique d'un ensemble si diversifié n'a pas été obtenue facilement. Elle est le résultat d'un long processus issu, au début des années 50, de la volonté de six d'entre eux, devenus quinze aujourd'hui, dans un cadre institutionnel complexe et sans équivalent dans le monde.

Un projet qui s'est progressivement imposé à la quasi-totalité de l'Europe occidentale

La première étape fut la création de la Communauté européenne du charbon et de l'acier (CECA) par le Traité de Paris signé en 1951 et entré en vigueur l'année suivante. La France, préoccupée par la récupération rapide de la sidérurgie allemande, souhaitait se rapprocher de l'Allemagne dans un projet d'intégration européenne et proposa de commencer par la mise en commun de la production du charbon et de l'acier, qui étaient alors les produits de base de l'industrie. Quatre autres États se sont joints à ce projet : l'Italie, les Pays-Bas, la Belgique et le Luxembourg (ces trois derniers avaient créé entre eux une union douanière, le Benelux, en 1948). Ce sont ces mêmes six États qui, quelques années plus tard, décidèrent de resserrer leurs relations économiques par la création d'un marché commun, la Communauté économique européenne (CEE), en signant le Traité de Rome le 25 mars 1957.

Très vite se posa la question de l'entrée dans la Communauté du Royaume-Uni dont les conceptions sur l'intégration économique européenne était totalement différentes, privilégiant la création d'une vaste zone de libre échange. Ce projet concurrent se matérialisa par la création, en 1959, d'une Association européenne de libre échange (AELE), regroupant le Royaume-Uni et six autres pays plus petits d'Europe occidentale (Danemark, Norvège, Suède, Autriche, Suisse et Portugal). Cependant un tel projet entre des pays géographiquement aussi distants n'était guère viable. Une première candidature du Royaume-Uni pour entrer dans la CEE se heurta au veto du général de Gaulle en 1963. Dix ans plus tard, en 1973, le Royaume-Uni entrait dans la Communauté, en même temps que le Danemark et l'Irlande.

La CEE, qui comptait alors neuf membres, passa par d'autres élargissements, et tout d'abord avec les pays méditerranéens après la chute de leurs régimes dictatoriaux : la Grèce, en 1981, et l'Espagne et le Portugal en 1986. L'hétérogénéité de la Communauté s'en est trouvée accrue, ces pays étant moins développés que les autres, ce qui provoqua une augmentation des dépenses liées à la politique européenne de développement régional dont ils sont les principaux bénéficiaires.

Le dernier élargissement, faisant passer la Communauté de 12 à 15 membres, a eu lieu en 1995, avec l'entrée de la Suède, de la Finlande et de l'Autriche. La Norvège était également candidate mais les Norvégiens refusèrent, par référendum, la ratification du traité d'adhésion. Ainsi, à l'exception de la Norvège, de la Suisse et de quelques très petits États, l'Union européenne englobe aujourd'hui toute l'Europe occidentale [1].

Nous verrons au chapitre suivant comment, pour atteindre leurs objectifs par des actions et des politiques menées en commun, les États qui ont voulu l'intégration européenne ont mis en place des institutions originales, qui ne sont semblables ni aux organisations internationales classiques, ni à une forme de fédération ou de confédération. Ce système institutionnel complexe établit un équilibre subtil entre les nécessaires transferts de souveraineté à des institutions supranationales et le maintien du pouvoir des États nationaux. Il a fallu qu'il s'adapte à une communauté d'États dont les économies sont de plus en plus intégrées, mais qui n'ont pas su définir encore vers quel type d'intégration politique ils tendent. Les institutions européennes comprennent un Conseil dans lequel sont représentés les gouvernements nationaux en la personne des ministres, un Parlement, une Commission indépendante et un Tribunal de Justice, auxquels se superpose le Conseil européen qui réunit les chefs d'État et de gouvernement.

L'Union européenne comme projet inachevé d'intégration politique

Dans les années 90, l'intégration politique a commencé à s'institutionnaliser en intégrant la Communauté européenne dans le cadre plus large de l'Union européenne. Toutefois, le projet d'intégration

---

[1] *A mesure que ses membres entraient dans la Communauté européenne, l'Association européenne de libre échange (AELE) se rétrécissait. Aujourd'hui elle inclut seulement la Norvège, l'Islande, le Liechtenstein et la Suisse. En 1993 fut établi un accord de libre échange entre la Communauté européenne et l'AELE, appelé Espace Economique Européen (EEE) dont la Suisse ne fait pas partie.*

économique n'avait jamais cessé d'être conçu comme partie d'un projet plus vaste d'intégration également politique.

La fin de la seconde guerre mondiale vit naître un grand espoir de paix en Europe et l'idée que celle-ci pourrait être fondée sur une sorte de fédération entre États démocratiques. La création du Conseil de l'Europe, en 1949, qui aurait dû en être le point de départ, montra vite les limites d'un tel projet. La création de la CECA allait dans le même sens et la célèbre Déclaration de 1950 de Robert Schuman ne laissait pas de doute sur ses objectifs à long terme : « Par la mise en commun de productions de base et l'institution d'une Haute Autorité nouvelle, dont les décisions lieront la France, l'Allemagne et les pays qui y adhéreront, cette proposition réalisera les premières assises concrètes d'une fédération européenne indispensable à la préservation de la paix ».

La réalisation d'un tel objectif politique allait cependant être constamment remis à plus tard du fait d'une nouvelle menace contre les démocraties occidentales venant de l'extension des régimes communistes à la moitié orientale de l'Europe, inaugurant ainsi la guerre froide. La sécurité de l'Europe occidentale devenait dès lors entièrement dépendante de l'alliance avec les États-Unis, concrétisée par la signature, en 1949, du Traité de l'Atlantique Nord et la mise en place l'année suivante d'une structure militaire commune, l'OTAN (Organisation du Traité de l'Atlantique Nord). Les velléités du général de Gaulle de donner plus d'autonomie à la défense de l'Europe et de la France par l'acquisition de l'arme atomique et le retrait des forces armées françaises du dispositif de l'OTAN ne suffirent pas à changer les données géopolitique de la guerre froide et la dépendance de l'Europe occidentale par rapport à la protection que leur assuraient les États-Unis.

Dès lors les différentes tentatives pour inscrire l'intégration économique communautaire dans un cadre plus vaste incluant une intégration politique obtinrent très peu de résultats. La Coopération politique européenne (CPE), mise en place dans les années 70 ne fut formalisée par aucun traité et ne dépassa pas le stade d'une coopération diplomatique entre les ministres des affaires étrangères ou les chefs d'État et de gouvernement.

La chute du mur de Berlin entraînant la réunification de l'Allemagne (1989-90) et la fin de l'Union soviétique (1991) allaient changer complètement la donne. Les structures économiques et militaires qui unifiaient le bloc communiste (COMECOM et Pacte de Varsovie) disparurent alors rapidement et les pays d'Europe centrale et orientale se rallièrent à la démocratie et à l'économie de marché, tournant leur économie vers l'Europe occidentale. La Russie, pour sa part, tentait de conserver ses relations privilégiées avec les anciennes républiques de l'Union soviétique, à l'exception des États baltes. Par ailleurs, dans les Balkans, le démembrement de la Yougoslavie et l'émergence des nouveaux États qui en sont issus a donné lieu à de féroces conflits armés qui ont conduit l'ONU et l'OTAN à intervenir militairement.

Toutes les organisations internationales européennes ont apporté leur contribution dans la volonté commune de stabiliser et pacifier cette autre moitié de l'Europe : le Conseil de l'Europe a admis 16 nouveaux membres entre 1990 et 1996 ; l'OTAN a accueilli trois nouveaux États d'Europe centrale en 1997 et en a invité 7 autres à adhérer en 2002, et a, en outre, établi un partenariat avec la Russie ; l'Organisation pour la Sécurité et la coopération en Europe (OSCE) a succédé en 1995 à la CSCE (Conférence sur la sécurité et la coopération en Europe, créée en 1973) pour pouvoir intervenir avec davantage d'efficacité. Néanmoins, c'est l'Union européenne qui joue le rôle majeur dans l'évolution de l'Europe depuis que celle-ci n'est plus divisée par le « rideau de fer », en s'ouvrant au reste de l'Europe et en institutionnalisant la coopération politique entre ses membres.

En effet, l'impression qui prévalait, au début des années 90, était que la fin de la guerre froide ouvrait de nouvelles opportunités pour une action des États d'Europe occidentale moins dépendante des États-Unis, surtout en ce qui concernait les affaires proprement européennes. C'est à ce moment que fut négocié le traité de Maastricht, signé en 1992. Reprenant un projet déjà ancien, il a créé l'Union européenne, dont la Communauté européenne constitue le « pilier » économique en même temps qu'étaient créés deux nouveaux piliers politiques, la Politique extérieure et de sécurité commune (la PESC) et la coopération dans le secteur Justice et affaires intérieures (JAI).

La PESC formalise ce qui n'avait jusque là été qu'une coopération politique informelle, créant des procédures pour harmoniser les positions des États membres et déterminer des stratégies et des actions communes. Il faut malheureusement reconnaître que l'Union européenne, à travers la PESC, n'a guère réussi encore à jouer un rôle autonome dans les affaires politiques et militaires, tant en Europe que dans le reste du monde. Que ce soit au Moyen-Orient ou dans l'ex-Yougoslavie, l'Union reste très dépendante des positions des États-Unis et de la structure de l'OTAN dans laquelle leur poids est prépondérant.

Dans le domaine de la politique intérieure, le principe fondamental de la suppression des frontières intérieures et de la libre circulation, surtout en ce qui concerne les personnes, a rendu indispensable une coopération étroite en matière de police et de justice. La formalisation a été faite par le Traité de Maastricht qui a défini un troisième « pilier » de l'Union européenne sous le nom « Justice et affaires intérieures ». La coopération s'est faite plus étroite dans des domaines tels que les politiques d'immigration et d'asile, la lutte contre le narcotrafic, le terrorisme et le blanchissage d'argent.

On ne saurait cependant limiter aux politiques définies par les deux nouveaux piliers de l'Union le passage d'une intégration économique à une intégration politique. La question plus générale est de savoir si l'Union européenne peut être davantage qu'un marché de 375 millions de consommateurs et devenir un regroupement de 375 millions de citoyens. Un premier pas a été fait par le Traité de Maastricht pour définir la citoyenneté européenne, mais les conséquences pratiques en sont encore limitées.

A ce tournant de son histoire et à la veille de son élargissement, l'Union européenne s'engage dans une réflexion sans précédent sur sa nature, ses objectifs et son organisation, qui devrait déboucher sur de profondes réformes institutionnelles. Approfondissement de l'intégration et élargissement sont étroitement liés et de leur réussite dépend l'avènement d'une Union européenne qui pourrait se révéler fort différente de l'actuelle.

Élargissement et réforme institutionnelle : les deux défis de l'Union européenne

Quelle Europe ? Perspectives de l'élargissement

Lors de sa réunion à Copenhague de 1993, le Conseil européen a pris la décision historique d'ouvrir l'Union européenne aux pays de l'Europe centrale et orientale (les PECO) et a fixé les conditions d'acceptation de leur candidature. Celles-ci peuvent être ramenées à quatre exigences fondamentales : la stabilité de la démocratie et de ses institutions (État de droit, pluripartisme, respect des droits de l'homme, protection des minorités, pluralisme...) ; le fonctionnement d'une économie de marché capable de faire face à la pression de la concurrence dans le marché unique ; la capacité d'assumer les droits et obligations découlant de la législation communautaire ; et, enfin, l'adhésion aux objectifs de l'union politique et de l'union économique et monétaire. Cette quadruple exigence signifiait que les nouveaux membres seraient en tout point égaux aux autres et qu'ils devaient accepter la totalité de l'acquis communautaire, évitant ainsi que l'Union européenne élargie devienne une simple zone de libre échange et que soient affaiblis les mécanismes d'intégration déjà établis.

Les négociations d'adhésion obéissent à un processus complexe, pouvant durer plusieurs années, au cours duquel sont examinés, chapitre par chapitre, la manière dont seront appliquées les règles communautaires et éventuellement les délais d'application qui seront consentis pour certaines d'entre elles. En 1998, l'Union a décidé d'ouvrir les négociations avec cinq pays d'Europe centrale et orientale, et peu après avec cinq autres (dans le premier groupe, la Pologne, la République tchèque, la Hongrie, la Slovénie et l'Estonie ; dans le second, la Slovaquie, la Roumanie, la Bulgarie, la Lettonie et la Lituanie). Simultanément ont été ouvertes les négociations d'adhésion avec deux États insulaires méditerranéens, Chypre et Malte.

Sur ces douze États, dix étaient prêts, à la fin de 2002, pour conclure les négociations, les négociations de dernière minute les plus difficiles ayant concerné les bénéfices financiers qu'ils retireront de la politique agricole et de la politique régionale. Pour ceux-là, selon le calendrier entériné par le Conseil européen de Copenhague de décembre 2002, les traités d'adhésion doivent être signés en avril 2003 de manière à ce que, sous réserve de leur ratification par les États membres et les États candidats, l'intégration puisse avoir lieu le 1er mai 2004. Seules la Roumanie et la Bulgarie ont progressé plus lentement dans les négociations et ne pourront adhérer que plus tard, probablement en 2007.

L'adhésion de ces dix ou douze nouveaux États membres change la physionomie de l'Union et modifie profondément les équilibres existants. Au plan démographique, ce sont 75 millions de personnes nouvelles, 105 en comptant la Bulgarie et la Roumanie. Au plan économique, les différences de richesse entre États membres vont être considérablement accrues, le revenu moyen par habitant dans les PECO étant inférieur à 40 % de la moyenne actuelle de l'Union :

l'élargissement à 25, s'il fait augmenter la population de l'Union de 20 %, ne fait augmenter son PIB que de 4,6 %, ce qui fait que l'Union cessera d'être un club de pays riches. En outre, il sera plus difficile de faire fonctionner une Union avec 25 ou 27 membres. Pour atténuer le choc du changement, des accords d'association ont été passés dans les années 90 avec les pays candidats, dans le cadre d'une stratégie de pré-adhésion, et ils sont déjà associés à plusieurs des politiques communautaires.

Il ne s'agit cependant là que d'une première étape des élargissements à venir. La Turquie a présenté sa candidature dès 1987 et elle a été considérée comme éligible à l'adhésion par les organes de l'Union. Toutefois les négociations d'adhésion n'ont pas encore été ouvertes, principalement parce que la Turquie ne remplit pas les critères politiques concernant notamment le respect des droits de l'homme et des minorités et, par ailleurs, des doutes ont été exprimés sur la légitimité ou l'opportunité de son adhésion [2]. Pressé par le gouvernement turc, le Conseil européen de Copenhague de décembre 2002 a cependant accepté que l'ouverture des négociations d'adhésion soit décidée à l'issue d'un réexamen de la situation politique de la Turquie, en décembre 2004.

Le débat à propos de l'adhésion de la Turquie en masque un autre sur les frontières futures de l'Union européenne. Le continent européen, à la différence, par exemple, du continent américain, n'a pas de frontières nettement définies. L'article 49 du Traité de l'Union européenne prévoit que tout État européen peut demander à devenir membre de l'Union, et dans le cas de la Turquie, il a été considéré que la présence d'Istanbul sur le sol européen permettait de la qualifier, alors qu'une candidature du Maroc n'a pas été prise en considération. Le Conseil européen a reconnu qu'une fois la paix revenue et les critères de Copenhague remplis, les pays des Balkans pourraient intégrer l'Union et y trouver une garantie supplémentaire

---

[2] *Les doutes sur la légitimité et les hésitations sur l'opportunité d'une adhésion de la Turquie proviennent à la fois de sa situation géographique, de son faible degré de développement économique, du nombre élevé d'habitants (65 millions) avec une démographie en forte croissance, du nombre déjà élevé d'immigrants turcs dans certains pays européens, notamment en Allemagne, et du fait que la Turquie serait le premier pays à majorité musulmane à intégrer l'Union européenne. Malgré ces réticences, il paraît difficile de revenir sur une acceptation de principe déjà donnée par les instances de l'Union, qui présente par ailleurs de solides justifications. La Turquie est liée à l'Union européenne par une union douanière depuis 1996.*

de stabilité politique et de développement économique. La question est beaucoup plus difficile en ce qui concerne les États issus de l'ancienne Union soviétique (à l'exception des pays baltes dont l'intégration est en cours) et la Russie elle-même.

Entre les adhésions déjà décidées, les probables, les possibles et les plus incertaines c'est l'idée même de ce que sera l'Europe unifiée qui est en jeu, d'où la vivacité du débat actuel sur ce qui constitue son identité. L'histoire européenne s'est faite à partir de deux mouvements contradictoires, l'un de concentration par conquêtes territoriales successives conduisant à la constitution de grands États nationaux et d'empires, et l'autre de dispersion, sur la base de mouvements nationalistes trouvant leur identité dans la langue et la religion. Les États issus de l'effondrement des empires russe, austro-hongrois et ottoman au début du 20e siècle sont fragiles, et ont fait l'objet de modifications de frontières et de déplacements de population à la suite des deux guerres mondiales. Devant cette mosaïque religieuse, linguistique, nationale, il est difficile d'affirmer une identité européenne, et à supposer qu'elle existe on ne peut nier qu'elle soit également partagée par les Amériques et les autres pays dans le monde issus d'une population européenne. Les pays d'Europe occidentale peuvent donner l'impression d'une plus grande homogénéité, mais celle-ci tient moins à des racines historiques qu'à leur capacité de fonder une société démocratique et d'établir, à travers un système très développé de protection sociale et de services d'intérêt général (santé, éducation, logement...), un niveau plus élevé qu'ailleurs d'égalité et de justice sociale.

C'est ce modèle de société que l'Union européenne s'est donné pour mission de préserver et d'améliorer au moyen de ses différentes politiques. La question qui se pose est donc de savoir si elle sera capable de l'étendre à un ensemble d'autres pays qui, au point de départ, sont beaucoup moins favorisés, et de déterminer ce que cela implique comme réformes dans ses institutions et ses politiques.

Quelle Union européenne ?
Perspectives de la réforme institutionnelle

L'Union européenne, déjà difficilement gouvernable depuis qu'elle est passée à quinze membres et que ses politiques se sont étendues à presque toute l'action publique, ne peut faire l'économie d'une réflexion approfondie sur ses objectifs et ses institutions pour s'adapter aux élargissements prévus. La méthode empirique des compromis minimaux consensuels entre gouvernements des États membres, qui a produit des résultats non négligeables dans le passé, est arrivée à son point d'épuisement : elle ne peut plus faire face à l'ampleur des problèmes posés et elle est inconcevable dans une Europe dont le nombre de membres va sans doute plus que doubler.

Le Traité de Maastricht, signé en 1992, tout en contenant des avancées significatives, a créé un édifice institutionnel dont la complexité est peu compatible avec sa démocratisation. Le Traité d'Amsterdam, signé en 1997, qui devait réaliser les réformes institutionnelles rendues nécessaires par les futurs élargissements, a été un échec sur ce point et il a fallu renvoyer la question à un nouveau traité. Ce fut le Traité de Nice, que le Conseil européen a adopté en décembre 2000, ne réussissant à se mettre d'accord que sur le minimum nécessaire pour ne pas bloquer l'élargissement, et en ajoutant encore à la complexité des institutions.

Le Conseil européen a alors compris qu'il fallait complètement changer la méthode et, par la Déclaration de Laeken de décembre 2001, a institué la Convention sur l'avenir de l'Europe. Elle est composée de représentants des chefs d'État et de gouvernement, du Parlement européen, des parlements nationaux et de la Commission, c'est-à-dire de toutes les institutions qui peuvent prétendre incarner d'une manière ou d'une autre la légitimité des peuples européens. Elle a commencé ses travaux en mars 2002 sous la présidence de Valéry Giscard d'Estaing, les États candidats participant également aux débats. Certes, cette Convention ne dispose d'aucun pouvoir de décision, mais il ne fait pas de doute qu'elle influera sur le prochain traité qui sera élaboré par une conférence intergouvernementale. S'il est trop tôt pour préjuger de ses résultats, il faut reconnaître qu'elle a rendu possible un débat public sans précédent dans l'histoire de l'intégration européenne, auxquels sont associés tous les acteurs. On peut donc déjà prévoir que le prochain traité qui devrait être adopté à la fin de l'année 2004, probablement sous la forme d'une Constitution, sera très différent des traités qui régissent l'Union européenne actuelle.

Les chapitres qui suivent doivent donc être lus à la lumière de ces espoirs et de ces incertitudes. Certes, le contenu même des politiques européennes ne devrait pas être sensiblement modifié dans l'immédiat, mais il sera amené à évoluer dans les années à venir sous le double effet de l'élargissement et des réformes institutionnelles.

LES FONDEMENTS JURIDICO-INSTITUTIONNELS DES POLITIQUES EUROPÉENNES

La réussite du plan que Robert Schuman et Jean Monnet avaient tracé pour l'Europe en 1950 reposait sur une idée simple : commencer par des réalisations concrètes en gardant en arrière-plan l'idée « d'une fédération européenne indispensable à la préservation de la paix ». Pendant un demi-siècle, cette méthode n'a jamais cessé de prévaloir : les traités successifs ont multiplié les domaines concrets de coopération en allongeant la liste des politiques européennes et en adaptant les dispositifs institutionnels pour chacune d'elles. Le débat de fond sur la nature même de l'ensemble ainsi créé était esquivé cependant que l'idée même de fédération continuait d'être récusée par une partie des États membres.

De cette démarche empirique et progressive résulte la grande complexité des traités, des institutions et des instruments juridiques sur la base desquels sont produites les politiques européennes, complexité qui est pour beaucoup dans l'ignorance dans laquelle la majorité des citoyens européens tient l'Union européenne. Conscients de ce fait, les chefs d'État et de gouvernement ont ouvert le débat par l'intermédiaire de la Convention sur l'avenir de l'Europe afin de rénover les institutions et les rendre ainsi plus efficaces, plus démocratiques, plus simples et plus intelligibles. Sans anticiper sur ces réformes, nous partirons de la réalité actuelle, montrant comment l'Union européenne s'est progressivement organisée pour mener à bien les missions qui lui ont été successivement confiées, gardant seulement en arrière-plan les évolutions possibles. Pour ce faire, nous commencerons par voir comment les politiques de l'Union trouvent leur fondement dans les traités, puis nous verrons comment fonctionne le dispositif institutionnel qui les produit, et, enfin, nous présenterons les instruments juridiques et financiers sur lesquels elles s'appuient.

Les Traités, fondement des politiques de l'Union européenne

La complexité des Traités : précisions terminologiques

Traité de Rome ou Traité instituant la Communauté européenne, Traité de Maastricht ou Traité sur l'Union européenne, sans compter l'Acte unique européen, le Traité d'Amsterdam ou celui de Nice : il est difficile et se retrouver dans les traités sur lesquels se fondent l'intégration européenne et il n'existe pas de manière simple de les présenter. Pas plus qu'il n'existe de manière univoque d'en désigner le résultat : l'Union européenne, la Communauté ou les Communautés européennes.

Quitte à écarter quelques subtilités juridiques, il faut donc fixer ici quelques règles terminologiques. Partant d'un début de simplification apporté en 1997, nous considérerons qu'il existe essentiellement deux traités, dont la version consolidée a été publiée cette année là : le Traité sur l'Union européenne et le Traité instituant la Communauté européenne que, pour simplifier, nous appellerons Traité de l'Union européenne (TUE) et Traité de la Communauté européenne (TCE)[1]. Chacun trouve son origine dans un Traité désigné par sa date et son lieu de signature : Traité de Rome de 1957 pour le Traité de la Communauté européenne, Traité de Maastricht de 1992 pour le Traité de l'Union européenne. Depuis lors, ils ont fait l'objet de diverses modifications dont les plus importantes ont été l'Acte Unique (1986), les Traités de Maastricht, d'Amsterdam (1997) et Nice (2001) pour le TCE et les deux derniers cités pour le TUE. Pour éviter toute ambiguïté, nous parlerons du Traité de la Communauté européenne et du Traité de l'Union européenne pour désigner les Traités tels qu'ils existent actuellement (ou tels qu'ils

---

[1] *La différence dans la manière d'intituler les Traités s'explique par le fait que la Communauté européenne dispose de la personnalité juridique, et non l'Union européenne. Nous suivons la numérotation des articles qui a été introduite dans ces versions consolidées (Les versions consolidées du traité sur l'Union européenne et du traité instituant la Communauté européenne sont consultables sur le site internet de la Commission. Cf. également la publication qui en a été faite à La Documentation française,* Les traités de Rome, Maastricht et Amsterdam — Textes comparés, *1999).*

existaient à un moment déterminé du passé), et nous désignerons les traités par leur nom de lieu et leur date (Traité de Rome, Maastricht, Amsterdam... ou Acte unique de 1986) pour nous référer aux textes initiaux ou modificatifs tels qu'ils ont été adoptés à cette occasion.

Il existait deux autres traités mineurs : d'une part, le Traité instituant la Communauté européenne du charbon et de l'acier (CECA), signé à Paris en 1951 et entré en vigueur en 1952, souvent désigné comme Traité de Paris ; prévu pour une durée de 50 ans, il a cessé d'être en vigueur en 2002 [2]. D'autre part, le Traité instituant la Communauté européenne de l'énergie atomique (EURATOM), adopté à Rome en 1957, le même jour que le Traité de Rome instituant la Communauté économique européenne.

Cette complexité s'explique par la dynamique même qui a présidé à la création et aux modifications de ces traités. A la différence de la manière dont procède une Constitution, le but n'était pas de définir *a priori* le cadre institutionnel de l'intégration européenne mais de déterminer les actions et les politiques qui seraient menées en commun. Au début du processus d'intégration, cela s'est traduit par la création de trois Communautés ayant chacune son domaine propre, ses procédures et ses institutions : la CECA, l'EURATOM et la Communauté économique européenne (CEE). En 1966, leurs institutions ont été unifiées, mais elles n'en ont pas moins gardé chacune sa personnalité juridique, ce qui fait qu'il demeurait plus exact de parler *des* Communautés.

Le Traité de Maastricht, pour sa part, a confirmé la place centrale de la CEE en la rebaptisant Communauté européenne (CE). Par ailleurs, il a créé deux nouvelles formes de coopération en matière de Politique extérieure et de sécurité commune (PESC) et de Justice et affaires intérieures (JAI) et a établi des formes institutionnelles spécifiques les concernant [3]. D'où l'architecture baroque en trois « piliers », le pilier communautaire pré-existant et les deux nouveaux piliers PESC et JAI, tous trois réunis au sein de l'Union européenne mais définis dans des traités différents : la Communauté européenne dans le TCE, les deux piliers politiques dans le TUE,

---

[2] *Le charbon et l'acier sont depuis lors soumis au droit commun du TCE.*
[3] *Initialement, dans le TUE tel qu'il fut établi par le Traité de Maastricht, le titre VI concernant le deuxième pilier s'intitulait « Dispositions sur la coopération dans les domaines de la justice et affaires intérieures ». Depuis le Traité d'Amsterdam, qui en a transféré une partie dans le TCE, il s'appelle « Dispositions relatives à la coopération policière et judiciaire en matière pénale ».*

sans oublier les traités CECA et EURATOM inclus dans le premier pilier.

D'une manière générale, nous parlerons donc de l'Union européenne pour désigner l'ensemble des processus d'intégration dans lequel se sont impliqués les États membres, y compris ce qui concerne la Communauté européenne proprement dite, réservant les expressions Communautés européennes ou Communauté économique européenne pour la période antérieure à 1992.

Les politiques européennes au cœur des Traités

Les Traités ont eu comme objectif premier de définir les champs d'action des Communautés et de l'Union européenne, en délimitant les politiques et actions communes, en établissant leurs objectifs et les principes auxquels elles doivent se conformer et en précisant les pouvoirs dont disposent les institutions européennes pour chacune d'elle ainsi que les procédures qu'elles doivent suivre pour les conduire.

C'est ainsi que la troisième partie du TCE, de loin la plus longue, est consacrée aux politiques de la Communauté, réparties en vingt titres, eux-mêmes subdivisés en chapitres. Aux politiques initialement prévues par le Traité de Rome les traités ultérieurs en ont ajouté de nouvelles, telles, par exemple, la réalisation du marché intérieur dans l'Acte unique, l'Union économique et monétaire dans le Traité de Maastricht ou la politique de l'emploi dans le Traité d'Amsterdam. On peut donc considérer qu'aujourd'hui les politiques communautaires touchent à la quasi-totalité des politiques nationales.

Ni la terminologie utilisée dans les Traités, ni la manière dont ceux-ci présentent les politiques ne permettent d'en faire un classement logique [4]. Cependant on peut déjà retenir certaines distinctions adoptées par les auteurs spécialistes de ces questions. Une partie des dispositions prises dès l'origine pour établir le marché commun a consisté à interdire certaines mesures jusque là pratiquées par les États membres : interdiction des droits de douane et des restrictions

---

[4] *Certaines furent qualifiées par le Traité de Rome de « politiques communes » (politique agricole, politique commerciale et politique des transports), mais cette appellation n'entraîne pas de conséquence particulière. De même, certaines actions prévues par le TCE ne sont pas désignées comme des politiques, mais cela non plus ne suffit pas à les différencier.*

quantitatives entre États membres, abolition des discriminations fondée sur la nationalité en ce qui concerne l'emploi et les conditions de travail, interdiction des restrictions aux mouvements de capitaux, etc. C'est ce que l'on appelle les politiques d'intégration « négative », par opposition à l'intégration « positive » réalisée par la mise en œuvre d'une régulation du marché transférée au niveau communautaire. De même peut-on opposer les politiques ayant pour objectif de créer le marché (*market-making*), comme, par exemple, la politique de la concurrence, et celles ayant pour objectif d'en corriger les défauts et les excès (*market-correcting*), telles les politiques de protection de l'environnement ou de protection du consommateur [5].

Une autre distinction importante à prendre en considération oppose les politiques pour lesquelles les États membres transfèrent à l'échelon européen tout ou partie de leurs compétences et celles pour lesquelles ils ne reconnaissent aux instances communautaires qu'un simple pouvoir de coordination. C'est là une première illustration de l'opposition que nous retrouverons à plusieurs reprises entre les processus fondés sur l'intégration et la supranationalité et ceux fondés sur la coopération intergouvernementale.

En effet, pour chacune des politiques prévues par le TCE, celui-ci délimite avec précision les pouvoirs dont disposent les instances communautaires : il circonscrit le champ d'intervention de la Communauté, il précise généralement les objectifs dans lesquels doivent s'inscrire chaque politique communautaire, et, surtout, il détermine le type de mesures qui peuvent être prises. Celles-ci peuvent aller, selon la politique considérée, d'un ensemble de mesures juridiquement contraignantes, par exemple en matière de politique de la concurrence ou d'établissement du tarif douanier commun, à de simples mesures d'appui et de coordination des politiques nationales, comme en matière de santé publique ou de culture, en passant par des formes plus poussées de coordination dans le cas de la politique économique ou de l'emploi. Enfin, le TCE précise la procédure à suivre pour chacune de ces mesures, et

---

[5] *Fritz Scharpf fait remarquer à juste titre que ces deux couples de notions se recouvrent pour partie, mais pas totalement : si toutes les mesures d'intégration négative relèvent du market-making, certaines mesures d'intégration positive peuvent en relever également lorsqu'elles ont pour but de permettre le fonctionnement du marché (Scharpf, Fritz,* Gouverner l'Europe, *Paris, Presses de Sciences Po, 2000, p. 53-54).*

notamment les conditions de majorité au Conseil et la participation du Parlement dans le processus décisionnel.

Par ailleurs, dans la première partie du TCE, intitulée « Principes » et dans le titre I du TUE, intitulé « Dispositions communes », figure un ensemble de principes qui doivent guider les instances communautaires dans l'ensemble de leurs politiques. La lecture n'en est pas aisée car ces deux textes se recouvrent pour partie, et, dans le TCE, les ajouts successifs entraînent une certaine confusion. On peut distinguer l'énoncé des missions qui déterminent le champ des politiques européennes, des objectifs qui doivent être poursuivis dans tout ou partie des politiques et des valeurs qui les encadrent. De tels énoncés ont un effet de légitimation de l'intégration européenne, mais ils peuvent aussi avoir un effet plus immédiat lorsqu'ils sont utilisés, par exemple, par la Cour de Justice européenne pour statuer sur les limites de compétence de l'Union.

Une limitation importante des compétences de l'Union résulte de l'introduction du principe de *subsidiarité* dans l'article 5 TCE, opérée par le Traité de Maastricht. Ce principe ne s'applique pas dans les domaines où l'Union dispose d'une compétence exclusive, mais il s'applique chaque fois que la compétence est partagée avec les États membres. Selon ce principe, l'Union ne peut intervenir que dans la mesure où les objectifs poursuivis ne pourraient être suffisamment réalisés par les États membres et peuvent être mieux atteints au niveau communautaire. Un protocole annexe au Traité d'Amsterdam a précisé les conditions dans lesquels s'applique le principe de subsidiarité et a établi que la Commission doit justifier qu'elle le respecte dans chacune de ses propositions. Le principe de proportionnalité est complémentaire de celui de subsidiarité. Il est énoncé également dans l'article 5 TCE qui dispose que « l'action de la Communauté ne doit pas excéder ce qui est nécessaire pour atteindre les objectifs du présent Traité ».

L'énoncé souvent prudent et restrictif des compétences, qui contraste avec les objectifs ambitieux énoncés dans les articles initiaux des Traités, montre bien les réticences des États à transférer leurs prérogatives et à abandonner ce qu'ils considèrent comme faisant partie de leur souveraineté. Selon l'article 5 du Traité de la Communauté européenne, la Communauté agit dans les limites des attributions qui lui sont confiées et des objectifs qui lui sont assignés par ce traité. Cela signifie que, hors de ces limites, la compétence revient aux États et que tout nouvel élargissement des compétences implique une modification du Traité. Néanmoins, la question de la répartition des compétences entre l'Union et les États reste un problème mal résolu et la Déclaration de Laeken a inclus dans les questions à examiner par la Convention pour l'avenir de l'Europe une meilleure répartition et une meilleure définition des compétences dans l'Union Européenne. La Cour de Justice, pour sa part, a joué un rôle important dans l'interprétation des règles de compétence, influant ainsi sur le processus de construction européenne.

Le dispositif institutionnel

Les Traités ayant été élaborés à partir des missions confiées aux Communautés et à l'Union européenne, on ne doit pas s'étonner que ce soit seulement dans la cinquième et avant-dernière partie du TCE que soient définies « les institutions communautaires ». Ces institutions, depuis 1966, étaient communes aux trois Communautés et le Traité de l'Union européenne a conservé cette unité du cadre institutionnel. Renvoyant à d'autres ouvrages (signalés en introduction) pour une étude plus approfondie de ces institutions, il convient néanmoins de monter ici comment elles contribuent à l'élaboration et à la mise en œuvre des politiques de l'Union.

S'inspirant des institutions mises en place par le Traité de Paris pour la CECA, le Traité de Rome a mis en place un ensemble institutionnel et des procédures de décision originaux qui se différencient tant des organisations internationales que des institutions étatiques. Depuis lors, l'architecture générale est restée la même, fondée sur le « triangle institutionnel » que forment le Conseil, la Commission et le Parlement, et donnant naissance à ce que l'on appelle la « méthode communautaire ». Néanmoins, de nombreuses modifications sont intervenues au fil des différents traités, les dernières en date ayant été réalisées par le Traité de Nice afin de permettre l'élargissement en cours [6]. Cette évolution des institutions

---

[6] *Le Conseil européen, réuni en Conférence intergouvernementale à Nice en décembre 2000, n'a réussi à se mettre d'accord que sur des réformes institutionnelles minimales destinées à permettre l'élargissement. Jugées d'emblée insuffisantes par le Conseil européen, elles furent accompagnées d'une déclaration prévoyant une nouvelle Conférence intergouvernementale en 2004, déclaration complétée par celle de Laeken qui créait la Convention pour l'avenir de l'Europe. Signé le 26 février 2001, le Traité de Nice, n'est entré en vigueur que le 1er février 2003 du fait des difficultés de ratification rencontrées en Irlande. Toutefois, les modifications institu-*

est le résultat d'une dialectique entre deux tendances qui s'opposent : celle de l'intégration, qui vise à donner un caractère supranational aux institutions européennes, ce qui les rapprocherait progressivement d'un système fédéral, et celle de la coopération intergouvernementale, plus proche du fonctionnement d'une organisation internationale classique [7].

Dans cette partie nous verrons d'abord comment fonctionne le triangle institutionnel et en quoi consiste la méthode communautaire. Cela ne suffit cependant pas pour comprendre la manière dont sont conduites les politiques européennes. D'une part, en effet, le Conseil européen, qui réunit les chefs d'État et de gouvernement, a pris une importance croissante dans la conduite des affaires européennes, comme nous le verrons dans un second temps. D'autre part, les politiques de l'Union impliquent un grand nombre d'autres acteurs dans un processus plus large dont on cherche aujourd'hui à rendre compte à partir de la notion de « gouvernance ». C'est ce que nous verrons pour terminer.

Le triangle institutionnel et la méthode communautaire

La méthode communautaire confie la responsabilité de la conduite des politiques européennes à trois instances détentrices d'une légitimité différente mais intervenant conjointement dans les processus décisionnels : le Conseil, le Parlement et la Commission.

---

tionnelles les plus importantes qu'il contient ne doivent entrer en vigueur qu'à partir de 2004 ou 2005.
[7] *Cette opposition entre l'intergouvernemental et le supranational s'observe à plusieurs niveaux dans les institutions de l'Union. On la trouve dans la composition des organes, certains étant composés de représentants des gouvernements nationaux (le Conseil), d'autres étant complètement autonomes par rapport aux États, d'où leur caractère supranational (Parlement, Commission). Le caractère supranational peut également être observé dans les procédures décisionnelles, dans le cas où une décision du Conseil résulte d'un vote à la majorité et s'impose à tous les États membres sans que leur consentement soit nécessaire. Enfin, on peut dire que les normes de droit communautaire possèdent un caractère supranational, dans la mesure où elles doivent être reconnues comme supérieures à toutes les normes du droit national.*

Le Conseil

Le Conseil de l'Union, ou Conseil, est depuis l'origine la principale instance de décision, mais il partage de plus en plus le pouvoir décisionnel avec le Parlement. Selon l'article 203 TCE, le Conseil est formé par un représentant de chaque État membre au niveau ministériel habilité à engager son gouvernement. Ce sont donc les gouvernements nationaux, et à travers eux les États, qui sont représentés au Conseil, instance intergouvernementale par excellence, ce qui lui donne sa légitimité propre.

Le Conseil est juridiquement unique, mais dans la réalité il se réunit dans des formations différentes selon les politiques dont il traite. Ces politiques pouvant englober la quasi-totalité des actions publiques, presque tous les ministres ont l'occasion de siéger dans une des formations du Conseil. Celles qui se réunissent le plus souvent sont celle des « affaires générales », réunissant les ministres des affaires étrangères, celle des affaires économiques et financières (ECOFIN), réunissant les ministres des finances, et celle de l'agriculture. Exceptionnellement, le Conseil peut se réunir au niveau des chefs d'État et de gouvernement, auquel cas sa réunion se confond avec celle du Conseil européen.

Cette multiplication des formations du Conseil peut nuire à l'unité de l'action communautaire. En principe, le Conseil « affaires générales » a un rôle de coordination, mais sa difficulté à jouer ce rôle explique, pour partie, l'intervention croissante du Conseil européen dans les politiques de l'Union. Le Conseil bénéficie, pour son bon fonctionnement, de l'aide du Secrétariat général du Conseil, dirigé par un Secrétaire général et un Secrétaire général adjoint et fort de quelque 2 500 fonctionnaires.

Si l'on se réfère à la distinction traditionnelle, mais non applicable telle quelle à l'Union européenne, entre pouvoir législatif et pouvoir exécutif, on remarque que le Conseil remplit à la fois une fonction législative, qu'il partage avec le Parlement, et une fonction exécutive, qu'il partage avec la Commission.

Le Parlement

Le Parlement européen a mené une lutte constante pour affirmer son pouvoir face au Conseil et à la Commission. Alors qu'à l'origine il n'était qu'une assemblée composée de représentants des parlements nationaux et que sa compétence était purement consultative, à partir de 1979, son élection au suffrage universel direct a largement contribué à asseoir sa légitimité démocratique. Les députés sont élus dans le cadre des États, chaque État disposant d'un nombre de sièges tenant compte de sa population, mais sans être proportionnel, ce qui avantage les moins peuplés [8]. Il faut cependant reconnaître que pour le moment il reste mal connu de ses électeurs : le taux d'abstention est toujours élevé et a atteint 50,1 % aux dernières élections de 1999, ce qui limite, de fait, sa légitimité comme organe de représentation des citoyens de l'Union.

C'est à partir de l'Acte unique que le Parlement a commencé à être véritablement associé au processus décisionnel, de plus en plus à égalité avec le Conseil. La procédure de co-décision, étendue à un grand nombre de domaines par le Traité d'Amsterdam, marque le point d'aboutissement de cette évolution (cf. p. 36). En matière budgétaire, également, il dispose de pouvoirs non négligeables, inférieurs cependant à ceux des parlements nationaux.

Le Parlement s'est aussi progressivement imposé comme instance de contrôle à l'égard de la Commission : outre sa participation à la nomination de celle-ci, le Parlement peut la contraindre à démissionner collectivement par le vote d'une motion de censure adoptée à la majorité des deux tiers [9].

Bien que le Traité de Maastricht ait reconnu le rôle de partis politiques « au niveau européen » et que le Traité de Nice prévoie leur statut, de tels partis n'existent pas encore, ce qui limite les possibilités d'un débat public sur les politiques publiques à l'échelle européenne. Pour l'instant, au Parlement, existent des groupes politiques regroupant des députés d'un ou plusieurs États en fonction de leur appartenance à des partis politiques nationaux. Les deux plus importants, le Parti des Socialistes Européens (PSE), d'inspiration social-démocrate, et le Parti Populaire Européen (PPE), à l'origine d'inspiration chrétienne-démocrate, se sont longtemps alliés pour obtenir le renforcement des pouvoirs du Parlement. Depuis les élections de 1999, à l'occasion desquelles le PPE

---

[8] *Le nombre de députés européens est actuellement de 626, allant de 6 pour le Luxembourg à 99 pour l'Allemagne. Le Traité de Nice prévoit qu'il passera à 732 et établit le nombre de députés pour chacun des 15 États membres actuels et des 12 candidats.*

[9] *Bien que cette procédure ne soit jamais arrivée à son terme, la menace était suffisante pour amener la Commission, alors présidée par Jacques Santer, à démissionner en 1999, à la suite d'un rapport défavorable rendu par des experts indépendants que le Parlement avait sollicités pour enquêter sur les cas de mauvaise gestion, de fraude et de népotisme.*

a remplacé le PSE comme groupe le plus nombreux, on voit davantage se dessiner une division droite-gauche. Toutefois, on ne peut parler de majorité et d'opposition dans la mesure où il n'existe pas de gouvernement européen par rapport auquel se définir. En outre, les débats au Parlement européen sont souvent très techniques et ne se prêtent pas toujours à des débats sur une base politique. Le travail se fait surtout dans les commissions parlementaires qui entretiennent des relations suivies avec les services de la Commission et les commissaires.

La Commission

La Commission, dont le rôle dans la conduite des politiques européennes est essentiel, est l'institution la plus originale, mais aussi la plus paradoxale de l'Union. Composée de vingt membres (le président et dix-neuf commissaires), elle est statutairement indépendante des gouvernements nationaux : ses membres, selon l'article 157 TCE, « exercent leur fonction en pleine indépendance, dans l'intérêt général de la Communauté » et jurent, au moment d'entrer en fonction, de ne solliciter ni d'accepter aucune instruction de quelque gouvernement ou organisme que ce soit. Elle n'est pourtant pas détachée de tout lien national : les vingt membres qui la composent sont choisis à raison d'un national de chaque « petit » État et deux pour chaque « grand »[10].

Voulue à l'origine comme un organe politiquement neutre, dont la compétence était avant tout technique, la Commission n'en a pas moins un caractère politique affirmé, à la fois par l'origine de ses membres, dont beaucoup ont occupé des fonctions gouvernementales dans leur pays, et par son mode de désignation et de mise en cause de responsabilité qui, au fil des Traités, a donné une place croissante au Parlement. Selon les modalités arrêtées par le Traité de Nice, le président sera désormais désigné par le Conseil en formation des chefs d'État et de gouvernement mais cette désignation doit être approuvée par le Parlement. La liste des autres membres sera arrêtée d'un commun accord par le Conseil et le président désigné,

---

[10] *Les « grands » États membres sont l'Allemagne, l'Espagne, la France, l'Italie et le Royaume-Uni. Le Traité de Nice prévoit qu'après l'élargissement il n'y aura plus qu'un national de chaque État parmi les commissaires, et que lorsque le nombre d'États membres atteindra 27 le nombre de commissaires sera inférieur, une rotation égalitaire étant alors prévue.*

mais la Commission dans son ensemble ne sera nommé par le Conseil qu'après approbation par le Parlement.

Politique aussi, la Commission l'est par sa fonction qui fait qu'elle est souvent considérée dans les médias comme le gouvernement de l'Union. Cette comparaison est abusive si l'on considère que la fonction d'un gouvernement serait, reprenant la définition de la Constitution française, de déterminer et conduire la politique de l'Union. La Commission, dotée uniquement d'un pouvoir de proposition dans la détermination des politiques et de pouvoirs limités dans leur exécution, ne dispose pas du pouvoir gouvernemental tel qu'on l'entend dans les institutions politiques nationales, pouvoir qui au demeurant fait défaut au niveau de l'Union.

La Commission n'en a pas moins un fonctionnement qui s'apparente à celui d'un gouvernement national, à la fois collégial et hiérarchisé. Le leadership présidentiel, que certains présidents comme Jacques Delors (1985-1994) avaient exercé de fait, a été inscrit et renforcé dans le TCE par les Traités d'Amsterdam et de Nice. Chaque commissaire se voit confier par le président un secteur d'activité et a autorité sur les services correspondants. Une des forces principales de la Commission réside, en effet, dans le fait qu'elle dispose d'une administration puissante, constituée principalement de 21 directions générales et d'un secrétariat général, regroupant environ 17 000 fonctionnaires encadrés par une hiérarchie de haut niveau. Les directions générales correspondant aux fonctions les plus fondamentales de l'Union, telles celles chargé du marché intérieur ou de la concurrence, pèsent particulièrement dans le travail de la Commission. Le caractère collégial de la Commission, marqué par ses réunions hebdomadaires, permet d'harmoniser les points de vue divergents et les oppositions d'intérêts qui ne manquent pas de surgir.

Chargée de représenter l'intérêt communautaire, ce qui lui donne sa légitimité, la Commission, est ainsi bien outillée pour faire émerger le sens des projets que l'Union se donne et le faire passer tout au long des processus de décision.

Les processus décisionnels dans l'élaboration des politiques

La méthode communautaire se caractérise par l'intervention de ces trois institutions dans les processus décisionnels par lesquels s'élaborent les politiques européennes. Ces processus concernent aussi bien les décisions à caractère juridique contraignant (directives et règlements) que d'autres instruments de moindre portée juridique dont nous verrons plus loin que l'éventail s'est considérablement élargi.

S'agissant du partage des rôles et des pouvoirs entre les institutions, trois questions sont à examiner : le pouvoir de proposition de la Commission, les modalités du vote au sein du Conseil et le mode d'intervention du Parlement dans la décision.

Lorsqu'il s'agit des politiques définies par le Traité de la Communauté européenne, la Commission dispose dans presque tous les cas d'un monopole pour proposer les décisions qui seront soumises au Conseil et au Parlement. Ce pouvoir de proposition se prolonge tout au long de la procédure, permettant à la Commission de modifier ses propositions ou de se prononcer sur des amendements proposés par le Parlement ou le Conseil. Dans la mesure où ce monopole de proposition est un élément essentiel de la méthode communautaire, on considère généralement que les procédures appliquées dans le deuxième et le troisième pilier, pour lesquels elle partage ce pouvoir avec les États membres, relèvent non de la méthode communautaire mais de la coopération intergouvernementale.

Le Conseil possède un pouvoir de décision dont il était à l'origine seul investi et qu'il partage aujourd'hui avec le Parlement. La principale question qui se pose à son égard est de savoir si les décisions qu'il prend le sont à l'unanimité ou par un vote à la majorité. Le Traité de Rome prévoyait le passage à la majorité qualifiée dans certains domaines dès la deuxième étape, mais le refus de la France et le « compromis de Luxembourg » de 1966 qui s'en suivit firent que pendant de nombreuses années la décision par consensus est restée la règle. A partir de l'Acte unique le vote à la majorité est devenu possible, ce qui n'empêche pas cependant la recherche systématique du consensus. Il a été étendu par l'Acte unique lui-même puis par les traités ultérieurs à un nombre croissant de domaines et s'applique aux questions touchant à l'unification du marché intérieur et à diverses autres politiques communautaires [11]. En revanche, l'unanimité reste presque toujours la règle lorsqu'il s'agit des deuxième et troisième piliers.

---

[11] *Toutefois, lors des négociations finales sur le Traité de Nice, certains chefs d'État ou de gouvernement ont bloqué le passage à la majorité qualifiée sur des questions importantes, telle la fiscalité, alors que dans la perspective de l'élargissement il paraît difficile de maintenir le principe de l'unanimité sauf de manière exceptionnelle.*

Le TCE prévoit que les décisions prises à la majorité peuvent l'être à la majorité simple ou à la majorité qualifiée, celle-ci étant presque toujours exigée sauf pour les questions de procédure. Pour les votes à la majorité qualifiée, chaque État se voit attribuer un nombre déterminé de votes, variable selon son nombre d'habitants, mais qui favorise davantage les « petits » États que les « grands ». Sur un total de 87 votes, la majorité qualifiée est de 62. La minorité de blocage, ainsi fixée à 26 voix, peut être atteinte par la conjonction des votes de deux grands États et deux petits. Il est à remarquer que, dans une matière relevant de la majorité qualifiée, si le Conseil veut voter un amendement non accepté par la Commission il doit le faire à l'unanimité [12].

Le pouvoir du Parlement dans le processus de décision, de simplement consultatif qu'il était au départ, est devenu de plus en plus décisionnel. La procédure utilisée pour la majorité des législations européennes aujourd'hui est celle de la *co-décision*, créée par le Traité de Maastricht. A partir du Traité d'Amsterdam, elle est devenue la procédure normale et elle a été étendue à de nouveaux domaines par le Traité de Nice. Elle est définie par l'article 251 du TCE. Bien qu'ayant été simplifiée par le Traité d'Amsterdam elle demeure passablement compliquée, l'objectif final étant qu'une décision soit adoptée dans les mêmes termes par le Parlement et le Conseil, chacun ayant la possibilité de la bloquer si un accord n'est pas établi [13].

---

[12] *Un des principaux points d'achoppement des négociations finales sur le Traité de Nice a porté sur la pondération des votes en cas de vote à la majorité qualifiée, après l'élargissement. Les modifications apportées au TCE sur ce point, et qui devraient entrer en vigueur au 1er janvier 2005, sont d'une extrême complexité et il est souhaitable qu'elles soient revues lors de la prochaine conférence intergouvernementale.*

[13] *Sans entrer dans les détails de cette procédure, la proposition vient toujours de la Commission. Celle-ci est transmise au Parlement qui donne son avis accompagné, le cas échéant, d'amendements. Le Conseil peut alors arrêter l'acte proposé par la Commission à condition d'approuver en même temps les éventuels amendements du Parlement. Sinon, il arrête une « position commune », et commence alors une navette entre le Conseil et le Parlement. Par un vote à la majorité absolue, le Parlement peut mettre un terme à la procédure. Il peut également proposer de nouveaux amendements. Le Conseil peut soit les accepter et arrêter l'acte, soit créer un comité de conciliation composé d'un nombre égal de membres du Conseil et du Parlement. Le texte sera adopté si le comité de conciliation parvient à faire une proposition et si celle-ci est adoptée sans modification par le Conseil et le Parlement. Tout au long de la procédure, la Commission est amenée à donner son avis sur les amendements*

L'Acte unique avait créé également la procédure de *coopération* (art. 252 TCE), mais elle a été remplacée dans presque tous les cas par la procédure de co-décision, n'étant plus appliquée que pour des décisions concernant l'Union économique et monétaire. Cette procédure prévoit également la recherche d'un accord entre le Parlement et le Conseil, mais, à défaut, la décision revient à celui-ci.

La procédure selon laquelle le Conseil décide sur proposition de la Commission mais seulement après avis du Parlement, qui a été la procédure normale jusqu'à l'Acte unique, n'est plus utilisée que dans un nombre limité de cas, mais reste la règle pour le deuxième et le troisième pilier. Enfin, il existe quelques cas, telles l'approbation des traités avec des tiers ou l'adhésion de nouveaux membres, dans lesquelles la décision du Conseil est conditionnée par un avis conforme du Parlement, ce qui donne au Parlement un pouvoir de veto mais sans que s'applique la procédure de navette prévue à l'article 251.

Ces procédures peuvent trouver à s'appliquer entre un nombre plus restreint d'États, si ceux-ci décident, dans le cadre des institutions de l'Union, de mener des politiques communes auxquelles n'adhèrent pas la totalité des États membres. C'est ce qu'on appelle les « coopérations renforcées » dont la possibilité a été introduite dans le TUE et le TCE par le Traité d'Amsterdam. Les nombreuses conditions mises à leur établissement ont été assouplies par le Traité de Nice mais pour l'instant aucune coopération renforcée n'a été mise en œuvre selon cette procédure [14]. Il est possible qu'à l'avenir, avec l'élargissement et la diversification des conceptions sur l'intégration européenne, les coopérations renforcées deviennent un moyen privilégié pour certains États d'aller plus loin dans l'intégration.

---

proposés, et lorsque cet avis est négatif le Conseil ne peut les adopter qu'à l'unanimité. Sinon, le Conseil se prononce à la majorité qualifiée tout au long de la procédure. Il existe toutefois quelques domaines dans lesquelles, bien que la procédure de l'art. 251 s'applique, le Conseil doit se prononcer à l'unanimité (par exemple en matière de libre circulation des travailleurs). Inversement, il existe des domaines, comme la politique agricole, où le Conseil statue à la majorité qualifiée sans que la procédure de co-décision s'applique.
[14] *Sur les accords de Schengen qui fonctionnent désormais comme coopération renforcée sans la participation du Royaume-Uni et de l'Irlande, voir p. 96 sq. L'adoption de l'euro, qui ne concerne pour le moment que douze États membres, peut également être apparentée à une coopération renforcée sans en avoir le statut juridique.*

L'exécution des décisions

La mise en œuvre des politiques communautaires revient normalement à la Commission qui prend les décisions nécessaires. Pour chaque politique le Conseil définit les conditions de cette mise en œuvre et, dans certains cas, peut se réserver le droit d'exercer lui-même les compétences d'exécution. Souvent, le Conseil a mis en place des comités composés de fonctionnaires des États membres pour vérifier les mesures d'exécution prises par la Commission. Certains de ces comités ont une fonction purement consultative. Pour d'autres, appelés comités de gestion, un avis négatif de leur part oblige la Commission à suspendre sa décision pour laisser au Conseil la possibilité de la modifier ou l'abroger. Dans certains cas, enfin, l'avis négatif du comité oblige la Commission à transmettre une proposition au Conseil au lieu de décider elle-même : c'est le cas des comités de réglementation. Cette « comitologie » complexe alourdit les procédures d'exécution.

Il faut noter que la Commission ne dispose pas de services extérieurs dans les États membres. Il revient donc aux administrations nationales d'appliquer les normes et les politiques communautaires sur le terrain.

Le Conseil européen

L'examen des processus décisionnels au sein de l'Union peut donner l'impression d'une grande avancée des procédures de caractère supranational par rapport aux procédures intergouvernementales. Ce serait cependant sans compter avec le rôle fondamental du Conseil européen dans la conduite des politiques de l'Union.

Il est paradoxal de constater que l'organe de l'Union qui en est devenu le principal centre de pouvoir n'était même pas mentionné dans le Traité de Rome en 1957. N'était prévu, pour représenter les gouvernements, que le Conseil des ministres, de sorte que les chefs de gouvernement n'avaient pas l'opportunité de participer personnellement aux débats. Ils commencèrent à se réunir périodiquement de manière informelle à partir des années 70, et la réunion des chefs d'État et de gouvernement baptisée Conseil européen prit une importance croissante dans la construction européenne. Néanmoins, son rôle ne fut formalisé qu'avec l'Acte unique et surtout avec le Traité de Maastricht qui introduisit des dispositions le concernant dans le TUE (et non dans la partie V du TCE qui traite des institutions). Fut également officialisée la présence du Président de la Commission au sein du Conseil européen, mais cela ne change pas le fait que cet organe est le lieu d'expression de la volonté des États représentés par leur plus haute autorité politique.

Selon l'article 4 du TUE, « le Conseil européen donne à l'Union les impulsions nécessaires à son développement et en définit les orientations politiques générales ». Il ne possède pas de pouvoir formel de décision, sauf dans les rares cas où il a à se prononcer en tant que Conseil réuni au niveau des chefs d'État et de gouvernement. Les orientations qu'il donne sont décidées par consensus, c'est-à-dire à l'unanimité, ce qui consacre son caractère intergouvernemental.

A s'en tenir à la lettre de cet article son rôle est déjà considérable, puisque chaque nouvelle avancée dans le processus d'intégration dépend d'un accord consensuel au sein du Conseil européen. Mais, dans la réalité, le Conseil européen ne se limite pas à donner des orientations générales : les conclusions publiées au terme de chacune de ses réunions montrent qu'il entre chaque fois plus dans les détails des questions sur lesquelles les institutions du triangle institutionnel auront ensuite à décider formellement. En outre, lorsqu'un désaccord important se fait jour au sein du Conseil sur une question qui relève d'un vote à la majorité qualifiée, il est admis que celle-ci puisse être portée devant le Conseil européen où la solution trouvée ne peut être que consensuelle. Cette inflation des ordres du jour des réunions du Conseil européen a été particulièrement sensible dans les années 90. Elle a des effets négatifs, aboutissant à une grande dispersion des discussions et à une impossibilité pour les leaders européens de se concentrer sur les questions réellement essentielles.

La présidence du Conseil européen, comme celle du Conseil, est assurée de manière tournante tous les six mois par un État membre. Le président joue un rôle important dans la préparation des réunions qui ont lieu au moins une fois par semestre, généralement deux. Le rôle du président se trouve encore accru dans le cas de la PESC, pour laquelle le Conseil européen s'est vu reconnaître par le TUE un rôle déterminant et pour laquelle le président remplit une fonction de proposition. Pour remplir sa mission, le président peut prendre appui sur le Secrétariat général du Conseil.

L'exigence de consensus au sein du Conseil européen ne doit cependant pas être vue uniquement comme une source systématique de blocage, mais aussi comme le point d'aboutissement d'une recherche systématique du consensus dans tous les processus caractérisant ce que l'on peut appeler la gouvernance européenne.

La recherche de consensus dans la gouvernance européenne

Si l'on passe d'une vision formelle du processus décisionnel à une approche plus large de la conduite des politiques publiques, le nombre d'acteurs à prendre en compte augmente considérablement. En effet, la recherche du consensus passe par la consultation et la participation de nombreux acteurs, parmi lesquels les administrations nationales, les intérêts économiques publics et privés, les associations et les ONG de différents types, etc. La Commission a publié, en 2001, un Livre blanc intitulé « Gouvernance européenne » qui vise à améliorer l'élaboration des politiques communautaires par une participation plus large, celle-ci étant considérée comme un moyen essentiel de la bonne gouvernance. Notons cependant que les configurations d'acteurs et les formes de participation varient d'une politique à une autre.

Les acteurs

Dans le processus continu d'élaboration, de mise en œuvre et de réforme des politiques européennes, les administrations nationales sont des interlocuteurs privilégiés de la Commission et de ses services. Non seulement les administrations nationales sont chargées de la mise en œuvre des politiques communautaires, mais elles participent activement à leur élaboration et elles sont des sources essentielles d'information sur la situation dans les différents pays. Formellement ou informellement des hauts fonctionnaires des ministères nationaux participent à des comités, à des groupes de travail ou à des consultations. Les services de l'Union accueillent, aux côtés de leurs propres fonctionnaires, des fonctionnaires des États membres pour des périodes déterminées ce qui permet un échange d'information et d'expérience entre la Commission et les administrations nationales.

L'Union établit également des contacts directs avec les collectivités infranationales : communes, collectivités intermédiaires, régions ou États fédérés. Cela vaut surtout pour la politique régionale, mais également pour d'autres politiques comme les coopérations transfrontalières, l'environnement, les transports, la pêche, etc. Cette relation a été formalisée par la création du Comité des régions, introduite dans le TCE par le Traité de Maastricht. Ses pouvoirs sont purement consultatifs et son rôle est resté relativement limité jusqu'à présent. Par ailleurs, de nombreuses autorités infranationales, individuellement ou en groupe, créent des bureaux à Bruxelles pour promouvoir leurs intérêts propres et recueillir les informations utiles sur les politiques européennes.

Aux côtés des acteurs publics, les représentants de ce que l'on appelle aujourd'hui la société civile jouent un rôle important dans la définition des politiques publiques. Une représentation formelle est assurée par le Comité économique et social dont la composition a été modifiée par le Traité de Nice [15]. De même que le Comité des régions, le Comité économique et social est un organe communautaire uniquement consultatif dont le rôle reste limité en dépit du grand nombre et de la qualité des avis qu'il produit.

Indépendamment de cette représentation formelle, les groupes d'intérêt jouent un rôle croissant par rapport aux institutions européennes. Selon la terminologie utilisée par la Commission et le Conseil économique et sociale, la société civile inclut tout d'abord les syndicats et les organisations d'employeurs. Désignés également comme « partenaires sociaux » ils sont appelés à intervenir dans les politiques sociales de l'Union (cf. p. 94). En outre, de très nombreuses entreprises ou groupements d'entreprises ont une activité de lobbying auprès de la Commission ou du Parlement.

Depuis le milieu des années 80 d'autres formes de représentation des intérêts, non directement liés au secteur économique, se sont également organisées. Des associations et organisations non gouvernementales de natures diverses sont devenues des interlocuteurs permanents ou occasionnels des institutions européennes. Certaines tirent leur légitimité et leur influence moins de la mobilisation des citoyens que de l'affirmation de principes éthiques ou de l'expertise qu'elles développent sur des questions considérées d'intérêt général, telle la protection de l'environnement ou des consommateurs.

---

[15] *L'article 257 TCE dispose désormais qu'il est « constitué de représentants des différentes composantes à caractère économique et social de la société civile organisée, notamment des producteurs, des agriculteurs, des transporteurs, des travailleurs, des négociants et artisans, des professions libérales, des consommateurs et de l'intérêt général ».*

L'élaboration des politiques communautaires

Au-delà du processus décisionnel formel, la manière dont s'élaborent les politiques communautaires montre l'interaction étroite et permanente avec ces différents acteurs. L'objectif principal de ce long processus est la recherche du compromis et du consensus qui donnent aux politiques leur légitimité et qui garantissent leur acceptation par les acteurs concernés.

La Commission possède le pouvoir d'initiative, mais cela ne signifie pas qu'elle prépare ses propositions de manière isolée et uniquement avec ses services. Au contraire, chaque proposition est le résultat d'un long processus de consultation et de discussion, et, avant qu'elle soit formalisée, les commissaires et leurs services mettent en discussion des projets et des plans d'action en organisant des groupes de travail, des forums, des séminaires. Il peut en sortir des livres blancs, des livres verts, des communications de la Commission servant de base aux propositions qui seront ensuite débattues. De la sorte, la Commission peut synthétiser des idées qui trouvent souvent leur origine dans les administrations nationales ou dans les innombrables organisations de représentations d'intérêts qui, directement ou au travers de consultants, font du lobbying à Bruxelles. En outre, la Commission a recours à des experts choisis dans les universités ou les centres de recherche. Cette possibilité qu'a la Commission de rapprocher des points de vue si différents et de disposer d'une expertise incontestable, jointe à son pouvoir d'initiative, lui donne la capacité de déterminer les cadres de référence dans lesquels sont formulées les politiques européennes.

Pour préparer ses propositions, la Commission tente de canaliser le lobbying dans des comités consultatifs qui se réunissent périodiquement. Elle gère près de 700 organes de consultation ad hoc dans le cadre des politiques communautaires. Des fonctionnaires des États membres y participent également, non comme représentants de leur gouvernement mais comme experts, bien que souvent ce soit le point de vue de leur administration qu'ils défendent. Ainsi, lorsque la Commission établit la version finale de sa proposition elle connaît les réactions négatives qu'elle peut susciter et a déjà entrepris de les surmonter.

Dans une seconde étape, les propositions ainsi établies entrent dans les procédures de décision déjà décrites. Mais tant au Parlement qu'au Conseil le travail préparatoire à la décision manifeste également cette recherche du consensus. Avant d'être soumises aux ministres, les propositions sont discutées dans les groupes ou comités créés par le Conseil. Ceux-ci sont composés de fonctionnaires nationaux et de fonctionnaires européens, donnant aux États membres la possibilité de confronter leurs positions et de rechercher des compromis. Parallèlement, la Commission peut proposer des amendements à sa proposition ou accepter des amendements présentés par les représentants des États afin de parvenir à un accord.

Après ce premier examen, la proposition est transmise au Comité des représentants permanents (COREPER) où siègent les ambassadeurs représentants permanents des États membres ou leurs adjoints. S'il subsiste des désaccords, les représentants permanents et les membres de la Commission ou de ses services tentent de les surmonter. Les propositions qui, à ce stade, sont l'objet d'un consensus sont transmises au Conseil pour décision sans débat. Seules les propositions qui n'ont pu faire l'objet d'un accord au sein du COREPER feront l'objet d'un débat au Conseil. Dans ce cas, il appartient au président du Conseil de chercher à réduire le désaccord ou sinon, lorsque l'unanimité n'est pas requise, de faire procéder au vote. Mais comme les coalitions peuvent être très variables selon les sujets traités, nul n'a intérêt à isoler un État dont il pourra avoir à rechercher le soutien sur un autre dossier et la recherche du compromis est toujours préférable.

Les instruments juridiques et financiers

D'un point de vue juridique, les États disposent pour conduire leurs politiques publiques de deux grands outils : la législation et le budget. Toute politique, en effet, combine, avec des intensités variables, l'émission de normes juridiques générales et individuelles (sous forme de lois, décrets, etc.) et l'utilisation de crédits publics. Une classification possible des politiques publiques repose précisément sur la manière dont sont utilisés ces outils : les politiques régulatrices, visant à protéger, encadrer, contrôler le marché et l'activité des acteurs reposent essentiellement sur une législation fixant les règles et les moyens de contrôle. Les politiques distributives ou redistributives, quant à elles, reposent essentiellement sur l'utilisation de crédits publics. Bien que la distinction entre politique distributive et redistributive ne soit pas toujours aisée à établir, on peut dire qu'une politique distributive alloue des ressources publiques à des groupes ou individus sous la forme de services ou d'aides financières pour une activité déterminée, alors qu'une politique redistributive opère un transfert entre des groupes ou entre des territoires.

Dans les États modernes, la part du revenu national prélevé par la puissance publique sous forme d'impôts ou autres contributions obligatoires n'a fait que croître et, de ce fait, les politiques distributives et redistributives, notamment avec le développement de la protection sociale, ont pris le pas sur les autres politiques. Au niveau européen, la situation est tout autre. Alors que les prélèvements obligatoires dans les États européens tournent autour de 40 % du PIB, les ressources financières de l'Union ne dépassent pas 1,3 % du PIB européen, de sorte que les politiques distributives et redistributives de l'Union restent très limitées, représentées essentiellement par la politique agricole et la politique régionale. A l'égard des grandes politiques distributives et redistributives des États nationaux, l'Union ne peut avoir qu'une fonction de coordination tandis qu'au niveau communautaire prévalent les politiques régulatrices.

La législation et le budget communautaires présentent des caractéristiques propres dont nous rappellerons ici les éléments essentiels. Nous montrerons ensuite comment les instruments que l'Union utilise dans la conduite de ses politiques se sont considérablement diversifiés.

Le caractère supranational du droit communautaire

Les deux sources principales du droit communautaire sont les Traités, d'une part, qualifiés de droit primaire ou originaire, et, d'autre part, les normes édictées par les institutions de l'Union en application des Traités, qualifiées de droit dérivé ou secondaire. Les différents types d'actes qui peuvent être émis par les autorités communautaires dans le cadre du TCE sont énumérés à l'article 249. En application de cet article, la législation à partir de laquelle se définissent les politiques de l'Union est composée de deux types d'actes : d'une part, les règlements, qui sont directement applicables dans les États membres ; d'autre part, les directives, qui lient les États membres quant aux résultats à atteindre mais qui nécessitent, pour leur application, l'édiction de normes nationales dont les États sont libres de choisir les modalités [16].

---

[16] *Pour les politiques des deuxième et troisième piliers les mesures prises par les autorités de l'Union suivent des modalités différentes (cf. p. 97 et 136).*

La directive présente l'avantage d'éviter aux institutions communautaires d'entrer dans trop de détails et de permettre une meilleure adaptation des normes communautaires aux droits nationaux, d'où la préférence qui lui a été donnée dans la réglementation du marché intérieur depuis l'Acte unique. Elle présente, en revanche, des inconvénients du fait que les États prennent avec plus ou moins de retard les mesures d'application.

Comme il n'existe pas, en droit communautaire, de distinction entre textes législatifs et textes réglementaires, les directives et les règlements sont tous soumis aux mêmes procédures d'adoption présentées plus haut. Il leur est communément reproché d'entrer excessivement dans les détails et tant le Livre blanc sur la gouvernance européenne que la Déclaration de Laeken prônent des réformes visant à une simplification qui permettrait notamment au Parlement de n'avoir à se prononcer que sur les grandes lignes des politiques. Déjà se fait jour la tendance à adopter des « directives-cadres » qui laissent aux États le soin de réglementer les aspects plus techniques.

La force du droit communautaire vient des caractères propres qui lui ont été reconnus par la Cour de Justice dès les premières années de la Communauté dans deux de ses arrêts les plus célèbres [17]. Il s'agit, en premier lieu, de son effet direct, à savoir que, différemment du droit international, il est directement applicable aux États membres et aux particuliers qui peuvent donc s'en prévaloir devant les tribunaux. Cela vaut tant pour les Traités que pour le droit dérivé et, en ce qui concerne les directives, même si leur application dépend de mesures prises par les États, elles peuvent en certains cas être considérées comme directement créatrices de droits.

La seconde caractéristique du droit communautaire, qui consacre sa nature supranationale, consiste dans sa primauté sur les droits nationaux. En d'autres termes, en cas de discordance entre une norme communautaire et une norme nationale quelle qu'elle soit (réglementaire, législative ou constitutionnelle, antérieure ou postérieure à la norme communautaire), c'est la norme communautaire qui doit être appliquée par les juridictions [18].

---

[17] *CJCE, 5 février 1963, Van Gend en Loos, 26/62 (pour l'effet direct), et CJCE, 15 juillet 1964, Costa c/ENEL, 6/64 (pour la primauté sur le droit national).*
[18] *La jurisprudence de la Cour de cassation et du Conseil d'État a progressivement accepté la primauté du droit communautaire, mais, plus récemment, a réaffirmé la*

L'application du droit communautaire revient principalement aux tribunaux nationaux, mais la procédure du recours préjudiciel devant la Cour de Justice européenne garantit sa bonne application. En effet, en cas de doute sur l'interprétation ou la validité d'une norme communautaire, les tribunaux nationaux peuvent (ou doivent dans le cas de juridiction statuant en dernière instance) saisir la Cour de Justice qui se prononce à titre préjudiciel sur la question posée. C'est en bonne partie grâce à ce mode de recours que la Cour de Justice a pu jouer un rôle déterminant dans l'interprétation des Traités et du droit communautaire en général, et s'imposer comme un des acteurs majeurs dans la construction européenne.

Le budget de l'Union européenne

Le budget européen, très modeste si on le compare aux budgets des États nationaux, atteint actuellement environ 95 milliards d'euros par an. Pendant longtemps, la plus grande partie a été consacrée à la politique agricole, qui représente encore plus de 40 % des dépenses. Vient ensuite la politique de cohésion économique et sociale (dite aussi politique régionale), qui passe par les Fonds structurels et représente environ un tiers des dépenses : elle a connu une forte augmentation entre 1988 et 1999 et s'est stabilisée depuis. Les actions extérieures et les dépenses d'administration représentent chacune autour de 5 %, ce qui laisse peu de place pour les autres politiques. De fait, comme nous avons vu, celles-ci reposent essentiellement sur des mesures législatives ou sur une coordination des politiques nationales.

Pour couvrir ses dépenses, l'Union européenne dispose de ressources propres qui comprennent principalement une partie de la taxe à la valeur ajoutée (TVA) collectée dans les États membres, les droits de douane et autre droits perçus à l'importation, ainsi qu'une contribution de chaque État calculée à partir de son PNB de manière à couvrir la différence entre recettes et dépenses. Le budget est voté par le Parlement au terme d'une procédure qui part d'une proposition de la Commission et implique ensuite un examen par le Conseil et le Parlement, avec une navette entre les deux en cas de désaccord.

Depuis 1988 les instances communautaires procèdent à une prévision pluriannuelle des dépenses. Les prévisions pour les années

---

supériorité de la norme constitutionnelle (C.E. Sarran, 30 oct. 1998, et C.C. Levacher, 27 fév. 1999).

2000-2006 ont été approuvées par le Conseil européen de Berlin en mars 1999, non sans de vives discussions d'où est ressortie la volonté de stabiliser les dépenses, la France obtenant néanmoins que le financement de la politique agricole, dont elle bénéficie largement, ne soit pas remis en cause. Les prévisions de crédits redistribués entre les Quinze sont réduites entre le début et la fin de la période pour permettre de faire bénéficier des financements communautaires les nouveaux États candidats avant et après leur adhésion. Les sommes prévues à cet effet sont cependant limitées et ont été âprement discutées avec les États candidats lors des négociations finales de 2002.

Il apparaît déjà que les prévisions financières pour la période s'ouvrant en 2007 devraient rester sensiblement au même niveau, ce qui pose la question de la capacité de l'Union européenne à établir une véritable solidarité financière entre ses membres. En cela l'Union reste encore éloignée d'un système fédéral, dans lequel les transferts réalisés par le budget fédéral entre les unités fédérées sont beaucoup plus importants. Margaret Thatcher, lorsqu'elle était Premier ministre du Royaume-Uni, avait donné le ton avec sa fameuse formule « I want my money back » : faisant valoir que son pays recevait moins que le montant de sa contribution elle avait obtenu une diminution de celle-ci. Dans les années 90, l'Allemagne, de loin le plus gros contributeur tant en valeur globale qu'en différence entre les sommes versées et reçues, a commencé à revendiquer à son tour, conjointement avec les pays d'Europe du nord, entrant ainsi en opposition avec les pays tirant le plus profit de la politique communautaire de développement régional et de la politique agricole commune.

La diversification des instruments des politiques européennes

L'instrument juridique (directives, règlements, décisions) et le budget constituent les instruments principaux pour la conduite de bon nombre de politiques de l'Union, mais la diversification des politiques a entraîné une diversification des instruments dont disposent les autorités de l'Union pour les mener à bien.

S'il revient à l'Union d'établir et réguler le marché intérieur, y compris par la mise en place d'une monnaie commune et la politique monétaire qui en découle, les États membres gardent la responsabilité des autres politiques publiques, notamment toutes celles qui ont pour but de garantir une croissance ordonnée et durable et d'assurer une redistribution équitable au travers de la protection sociale. La question s'est donc posée avec de plus en plus d'insistance de savoir si et comment l'Union pouvait jouer un rôle dans ces politiques, sachant que l'utilisation de la législation ou du budget ne peut être ici que marginale.

Les années 90, avec les Traités de Maastricht et d'Amsterdam ainsi qu'avec les nouvelles orientations prises par le Conseil européen, ont été marquées par des évolutions importantes qui ont trouvé leur aboutissement au Conseil européen de Lisbonne de mars 2000. D'une part il a été admis qu'un nombre croissant de politiques économiques et sociales qui restaient de la compétence des États pouvait faire l'objet d'une intervention de l'Union destinée, selon les formules souvent utilisées dans le TCE, à compléter ou soutenir l'action des États membres et à promouvoir leur coopération. D'autre part, à Lisbonne, le Conseil européen a accepté l'idée que l'unification du marché et la coordination des politiques nationales devaient être envisagées dans une vision intégrée du développement de l'Europe, donnant naissance à ce qu'on a appelé le « processus de Lisbonne » (cf. p. 105).

De nouveaux instruments ont été créés pour mettre en œuvre ces processus de coordination. Ils n'ont pas la même force obligatoire que les instruments proprement juridiques, et pour cette raison sont parfois qualifiés de droit mou, flexible, ou de « soft law ». Au fil des années ces instruments se sont perfectionnés et sont devenus plus complexes, incluant des recommandations, des programmes d'action ou des stratégies communes, des échanges d'information et de bonnes pratiques, l'élaboration d'indicateurs communs, l'analyse et la recherche, ainsi que le dialogue social pour associer les acteurs de la société civile.

En outre, le budget communautaire peut être utilisé pour des actions d'incitation ou des programmes communautaires d'appui qui financent des expérimentations innovatrices et des échanges d'informations ou d'expériences. Le montant de ces dépenses reste cependant limité, très inférieur à celui consacré aux politiques agricole et régionale, et ne représente qu'une faible part des financements effectués par les États.

Avec le processus de Lisbonne sont apparus de nouveaux instruments, et notamment la « méthode ouverte de coordination ». Cette méthode prévoit la fixation d'objectifs communs qui doivent être inclus dans les stratégies nationales. Des indicateurs définis en commun servent à la définition de ces stratégies et à leur évaluation périodique, permettant en outre l'échange d'expériences innovatrices et de bonnes pratiques. Ainsi se constitue un processus d'apprentissage mutuel aidant les États à développer leurs propres politiques. Un autre instrument découlant du processus de Lisbonne est « l'approche intégrée des politiques » qui permet de combiner plusieurs politiques dans des stratégies de plus en plus complexes.

Les différences que l'on peut ainsi noter entre les logiques d'action et entre les instruments utilisés dans les différentes politiques de l'Union européenne vont nous servir de fil directeur pour présenter ces politiques dans les chapitres qui suivent.

L'UNIFICATION DU MARCHÉ INTÉRIEUR

L'article 2 du TCE définit des objectifs ambitieux pour la Communauté européenne et fait de l'unification du marché le principal outil pour les atteindre. Dans des termes voisins, l'article 2 du TUE fait de la création d'un espace sans frontières intérieures un des principaux moyens pour atteindre ses objectifs économiques et sociaux. L'unification du marché est donc bien le pivot de l'intégration européenne à partir duquel se sont développées la plupart des autres politiques. Elle implique la libre circulation des marchandises, des services et des capitaux, ainsi que celle des personnes dont nous traiterons dans un chapitre ultérieur.

Le principe essentiel qui sous-tend la libre circulation est celui de libre concurrence, aussi le premier objectif a-t-il été de supprimer les barrières douanières et autres obstacles à la libre circulation et d'établir un régime commun de la concurrence. Cependant, tous les économistes, même les plus libéraux, reconnaissent la nécessité de réguler le marché pour corriger ses défauts. Deux cas de figure peuvent se présenter : premièrement, une régulation dans les secteurs ouverts à une concurrence intégrale, afin de garantir la protection des consommateurs et de l'environnement ; et, en second lieu, le fait de ne pas appliquer, au moins partiellement, le principe de la libre concurrence dans des secteurs déterminés (agriculture, pêche, services d'intérêt général...), ce deuxième cas étant traité dans le prochain chapitre.

Dans ce chapitre, nous allons présenter d'abord comment fut établi le marché intérieur des marchandises, des services et des capitaux, y compris par l'établissement d'une politique de la concurrence. Nous verrons ensuite la régulation du marché destinée à la protection des consommateurs et de l'environnement. Enfin, nous verrons comment l'introduction de l'euro comme monnaie unique constitue l'ultime étape de l'unification du marché européen.

Le marché intérieur des marchandises, des services et des capitaux

La suppression des droits de douanes et des restrictions à la libre circulation

L'unification du marché et la suppression des frontières se sont réalisées en plusieurs étapes. Durant la période de transition ont été progressivement éliminés les droits de douanes et les restrictions quantitatives sur les marchandises tandis qu'était mis en place un tarif extérieur commun. Le terme prévu pour cela par le Traité de Rome était le 31 décembre 1969, mais l'objectif fut atteint dès le 1er juillet 1968. La Communauté devenait ainsi une union douanière.

Les progrès furent beaucoup plus lents durant les années suivantes, les États ayant tendance à recréer de nouveaux obstacles aux importations pour protéger leur production nationale. Ce fut la Cour de Justice qui, par sa jurisprudence, contribua à la suppression de diverses restrictions à la libre circulation des marchandises. Elle utilisa pour cela les dispositions du Traité qui interdisent entre États membres les droits de douane ou « toutes taxes d'effet équivalent », ainsi que les restrictions quantitatives et « toutes mesures d'effet équivalent » (art. 23 et 28 TCE). Grâce à une interprétation extensive de ces deux expressions, la Cour s'est donné les moyens juridiques d'aller à l'encontre des tendances protectionnistes.

Il fallut attendre l'Acte Unique de 1986 pour passer à une nouvelle étape. L'objectif qui fut alors fixé était la réalisation du marché intérieur en 1992. Pour l'atteindre furent prévues près de 300 mesures, généralement sous la forme de directives, incluant la suppression des contrôles aux frontières intérieures et la suppression de toutes les autres restrictions au moyen d'une vaste réglementation du marché intérieur. Pour faciliter leur adoption, l'Acte Unique établit qu'elles seraient, dans la quasi totalité des cas, adoptées par le Conseil à la majorité qualifiée.

Cette production de directives ne s'est pas arrêtée en 1992 car l'amélioration du marché intérieur est une tâche continue : en 1999, le nombre de directives en ce domaine dépassait 1 400, et de nouvelles propositions sont toujours en préparation à la Commission. Le problème, cependant, fut aussi celui de l'application de directives aussi nombreuses, les États ne s'impliquant pas tous avec la même ardeur pour les transposer dans leur droit national. Bien que la situation se soit améliorée, l'objectif fixé par le Conseil européen d'une transposition de 98,5 % au début de 2002 n'avait été atteint que par sept États membres.

L'unification du marché ne concerne pas seulement la libre circulation des marchandises mais aussi les services et les capitaux. La libéralisation des services, bien qu'elle ait été prévue par le Traité de Rome, a tardé davantage que l'union douanière, en dépit du fait que les services constituent la majeure partie de l'économie des pays de l'Union. Le principe fixé est celui de la libre prestation de services, qui permet à un ressortissant de la Communauté de fournir un service sur le territoire d'un État membre autre que celui dans lequel il est établi. Complémentaire de ce droit est le droit d'établissement, qui permet aux travailleurs indépendants et aux entreprises communautaires de s'établir dans un autre État membre et d'y exercer leur activité (cf. p. 88).

Certains services supposent un contrôle étroit de la part des autorités publiques, sous la forme d'autorisation de fonctionnement et de contrôle de leur activité : c'est le cas notamment des services financiers et des assurances. Pour faciliter l'intervention des établissements de crédit dans les autres États membres, le principe a finalement prévalu que l'autorisation serait donnée et les contrôles effectués par l'État d'origine, sans que soit nécessaire la demande d'une nouvelle autorisation pour ouvrir une succursale dans un autre pays. A cet effet, la Communauté a établi des règles minimales d'harmonisation. Le même principe s'applique aux sociétés d'assurance et aux sociétés d'investissement qui interviennent sur le marché financier.

L'article 56 TCE, dans la formulation qui lui a été donnée par le Traité de Maastricht, interdit toute restriction aux mouvements de capitaux et aux paiements entre les États membres, ainsi qu'entre États membres et pays tiers. Cependant, de nombreuses mesures sont encore en préparation pour réaliser une meilleure intégration des marchés financiers. L'objectif actuellement fixé est d'atteindre une pleine intégration des marchés de valeurs mobilières et de capital risque en 2003, et des marchés financiers en 2005.

Parmi toutes les mesures qui visent à éliminer les obstacles à la libre circulation dans le marché intérieur il convient de mentionner celles destinées à empêcher que les différences entre les systèmes fiscaux faussent la concurrence et rendent nécessaires des frontières fiscales. Pour garantir la neutralité fiscale, tous les États membres ont adopté la même structure d'impôts indirects, le principal étant la taxe sur la valeur ajoutée (TVA), qui s'applique tant aux marchandises qu'aux services. Pendant une phase transitoire, les taux doivent se rapprocher, à l'intérieur de valeurs maximales et minimales. Une harmonisation est également recherchée en ce qui concerne l'imposition de l'épargne afin d'éviter des distorsions de concurrence. Cependant les avancées dans le domaine fiscal sont plus difficiles car le processus décisionnel dans ce domaine implique une délibération à l'unanimité du Conseil sur proposition de la Commission et après consultation du Parlement.

Nous ne détaillerons pas ici diverses autres mesures destinées à aller plus avant dans l'unification du marché intérieur, notamment celles concernant les marchés publics, pour garantir un égal accès des candidats d'autres États membres, et celles concernant la protection de la propriété intellectuelle et industrielle (qui inclut notamment le projet d'un brevet communautaire). Nous nous attarderons en revanche davantage sur ce qui a été réalisé en matière de politique de la concurrence.

La politique de la concurrence

La réalisation du marché intérieur est fondée sur la concurrence entre producteurs de marchandises et de services. Aussi, une politique de la concurrence a-t-elle toujours été jugée indispensable au niveau communautaire afin de favoriser l'efficacité économique et protéger les intérêts des consommateurs qui peuvent ainsi obtenir biens et services dans de meilleures conditions. Cette politique a été définie dès l'origine par le Traité de Rome et peut être considéré comme l'une des politiques les plus réussies de la Communauté. Dans ce domaine, le TCE attribue une grande responsabilité et de larges pouvoirs à la Commission qui a bénéficié de l'appui de la Cour de Justice pour agir dans le sens d'une ouverture toujours plus grande à la libre concurrence.

La politique européenne de la concurrence se développe dans cinq directions.

1 — Tout d'abord elle a comme objectif d'éviter la monopolisation de certains marchés en empêchant que les entreprises se partagent le marché par des accords protectionnistes. L'article 81 TCE interdit les accords et pratiques concertées entre entreprises qui « sont susceptibles d'affecter le commerce entre États membres et qui ont pour objet ou pour effet d'empêcher, de restreindre ou de

fausser le jeu de la concurrence à l'intérieur du marché commun ». Font ainsi partie des accords interdits les accords qui fixent directement ou indirectement les prix, les accords sur les conditions de vente, la fixation de quotas de production, les accords répartissant les marchés ou les sources d'approvisionnement, etc. Toutefois, certains types de coopérations, considérés comme positifs, peuvent être autorisés par la Commission dès lors qu'il permettent d'améliorer la production et la distribution, ou promeuvent le progrès technique ou économique (par exemple, des accords d'exclusivité, des accords permettant des transferts de technologie, des accords de spécialisation ou de recherche et développement).

La Commission dispose d'amples pouvoirs pour enquêter sur les entreprises suspectées de pratiques monopolistes. Au terme d'une procédure qui donne à l'entreprise la possibilité de se défendre, la Commission peut demander qu'il soit mis fin à la pratique en cause. Elle peut également imposer des amendes à hauteur de 10 % du chiffre d'affaire annuel. L'entreprise peut introduire un recours auprès de la Cour de Justice (actuellement auprès du Tribunal de Première Instance), mais généralement la Commission et le Tribunal suivent les mêmes orientations.

2 — En second lieu, la politique européenne de la concurrence vise à éviter l'abus de position dominante. Une position dominante est une situation de suprématie économique permettant à une ou plusieurs entreprises d'empêcher le maintien d'une concurrence effective sur le marché et il y a abus de position dominante quand le comportement de cette entreprise est susceptible d'influencer la structure ou le degré de concurrence sur le marché. Dans les cas d'abus de position dominante la Commission intervient suivant les mêmes procédures que dans les cas analysés précédemment, mais ils sont plus rares.

3 — Pour éviter la création de positions dominantes, les concentrations d'entreprises sont contrôlées dès lors qu'il s'agit d'entreprises au-dessus d'une certaine taille et exerçant leur activité dans plusieurs États membres. Ces concentrations doivent être déclarées à la Commission qui peut les interdire lorsqu'elles créent ou renforcent une position dominante d'où résultent des entraves significatives à une concurrence effective. De telles interdictions interviennent rarement mais constituent une menace efficace. Les fusions d'entreprises se sont multipliées depuis les années 80 et surtout les années 90, rendues souvent nécessaires pour affronter la concurrence internationale, et la Commission doit donc prendre en

compte l'ensemble des données économiques dans son appréciation, de même qu'elle doit donner aux entreprises concernées tous les moyens de plaider leur dossier. Alors que jusqu'à présent la Cour de Justice et son Tribunal de première instance confirmaient la position de la Commission lorsqu'ils étaient saisis d'un recours, le Tribunal, en 2002, a annulé à trois reprises des décisions d'interdiction de la Commission, ce qui a amené le commissaire et la direction en charge de la concurrence à revoir leurs méthodes de travail.

4 — La politique de la concurrence a également pour objectif d'empêcher les aides publiques qui faussent la concurrence en favorisant certaines entreprises ou certaines productions. Cependant, le Traité prévoit diverses dérogations, notamment pour les aides destinées à promouvoir le développement économique de certaines activités ou de certaines régions. Toute aide ou régime d'aides doit être notifié à la Commission et approuvé par elle avant d'être mis à exécution. Rares, cependant, sont les cas dans lesquels la Commission émet une interdiction. Encore aujourd'hui, la Commission et le Conseil se donnent pour tâche de diminuer le niveau global des aides publiques et d'éviter que ces aides faussent la concurrence, privilégiant des objectifs horizontaux tels que la cohésion économique et sociale.

5 — Les règles de la concurrence s'appliquent y compris aux entreprises publiques et aux entreprises auxquelles les États membres concèdent des droits spéciaux ou exclusifs. Selon l'article 86 TCE, les entreprises chargées de la gestion d'un service d'intérêt économique général ou présentant le caractère d'un monopole fiscal sont soumises aux règles de la concurrence dans la mesure où l'application de ces règles ne fait pas échec à l'accomplissement, en droit ou en fait, de la mission particulière qui leur a été impartie. Nous verrons dans le prochain chapitre comment l'Union européenne applique cette disposition en imposant la libéralisation de ces services tout en sauvegardant leur spécificité.

Dans l'exercice de ses compétences en matière de politique de la concurrence, la Commission agit comme une véritable autorité de régulation, jouissant d'une grande indépendance à l'égard du Conseil et du Parlement. Prenant appui sur le Traité et sur le droit dérivé elle a développé, appuyée par la Cour de Justice, une vaste jurisprudence dans laquelle apparaît, plus qu'en toute autre politique européenne, la croyance dans les vertus d'un marché fondé sur la libre concurrence. Cependant, la Direction Générale chargée de la concurrence, qui est l'instrument de la Commission pour cette politique, peut entrer en contradiction avec d'autres directions, chargées par exemple de la protection de l'environnement, de la cohésion économique et sociale ou de la politique industrielle, et la Commission doit arbitrer entre ces différents points de vue.

La politique européenne de la concurrence ne s'est pas substituée aux politiques nationales et les États conservent leur propre législation ainsi que leurs propres autorités de régulation. Durant les années 90, on a assisté à un rapprochement entre les droits nationaux et le droit européen de la concurrence de sorte que la coopération entre la Commission et les autorités nationales s'en est trouvée renforcée. Cette évolution pourrait permettre des réformes allant dans le sens d'une décentralisation au niveau national de la mise en œuvre de la politique européenne de la concurrence.

Les corrections des défauts du marché : protection des consommateurs et de l'environnement

Nous avons déjà parlé de la distinction entre les normes visant à établir le marché (*market-making*) et celles visant à corriger ses défauts (*market-correcting*). L'unification du marché intérieur supposait le transfert au niveau communautaire de normes de ce second type car les laisser uniquement à l'initiative des États pouvait créer des barrières à la libre circulation des marchandises ou des services.

Une première manière de faire consiste dans le rapprochement des législations nationales prévu par l'article 95 du TCE (appelé également harmonisation des législations). Le problème, à cet égard, réside dans la lenteur du processus qui exige l'émission de directives ou de règlements créant des normes communes. Une jurisprudence de la Cour de Justice a permis de contourner cette nécessité en obligeant les États membres à la reconnaissance mutuelle de leurs normes nationales chaque fois qu'il n'existe pas de norme communautaire dans le domaine concerné [1]. Les États doivent communiquer leurs nouvelles normes à la Commission qui les diffuse auprès

---

[1] *C'est la fameuse jurisprudence « Cassis de Dijon » (20 février 1979, Rewe-Zentral, 120/78).*

des autres États membres et peut demander des modifications avant leur entrée en vigueur.

Nous aborderons les corrections apportées aux défauts du marché sous deux angles : la protection des consommateurs et la protection de l'environnement.

La protection des consommateurs

La protection des consommateurs ne figurait pas dans le Traité de Rome de 1957, et chaque pays, en ce domaine, conservait ses propres règles et sa propre organisation administrative, issues chacune de traditions différentes. Ces différences pouvant créer des obstacles à la libre circulation, une politique européenne et un rapprochement des législations nationales ont été initiés au milieu des années 70.

L'article 153 TCE définit les objectifs de cette politique, prônant un niveau élevé de protection des consommateurs et déterminant que la Communauté « contribue à la protection de la santé, de la sécurité et des intérêts économiques des consommateurs ainsi qu'à la promotion de leur droit à l'information, à l'éducation et à s'organiser pour servir leurs intérêts ». Il reconnaît également que la protection des consommateurs ne peut être dissociée des autres politiques communautaires et, pour cela, dispose que « les exigences de la protection des consommateurs sont prises en considération dans la définition et la mise en œuvre des autres politiques et actions de la Communauté ».

La réglementation communautaire en cette matière est abondante. Elle concerne tout d'abord les normes de sécurité, qu'elles soient d'application générale ou spécifiques à un produit déterminé (les jouets, par exemple). Pour éviter des directives ou règlements excessivement détaillés, la tendance est de poser dans ces textes uniquement les exigences essentielles et de laisser à des organismes spécialisés le soin d'établir les normes techniques. Les producteurs qui suivent ces normes peuvent, après avoir reçu une certification dans leur pays, vendre dans n'importe quel autre pays de l'Union.

La réglementation européenne concerne, en second lieu, la santé. Cela inclut différents types de produits, au rang desquels notamment les produits pharmaceutiques pour lesquels il existe un système d'harmonisation des autorisations et une Agence Européenne pour l'évaluation des médicaments. Mais la protection de la santé concerne surtout les produits alimentaires. Cette question a pris une tournure politique de première importance avec la « maladie de la vache folle » (encéphalite spongiforme bovine, ESB) qui s'est répandue tout d'abord en Grande-Bretagne. Il fut très difficile de trouver un accord sur l'interdiction des exportations de viande bovine britannique et sur les autres mesures de protection en raison des énormes intérêts économiques en jeu, et certains États membres ont pris des mesures contraires aux décisions communautaires. Cette crise a provoqué divers changements dans les services de la Commission et dans le système d'expertise scientifique afin de le rendre plus fiable et elle a abouti à la création d'une Autorité alimentaire européenne.

Pour protéger les intérêts économiques des consommateurs et leur information, différentes mesures ont été prises qui réglementent la publicité (publicité trompeuse, publicité comparative), les ventes à domicile et les contrats négociés à distance (y compris, maintenant, par internet), l'accès des consommateurs à la justice, l'information sur les produits alimentaires, les voyages touristiques, etc. Les mesures que nous avons déjà signalées sur les services financiers, ainsi que celles que nous verrons au chapitre suivant sur les services publics, contribuent également à la protection des intérêts économiques des consommateurs.

Enfin, la Commission soutient les activités des organisations de consommateurs par des aides financières et en les consultant : il existe un comité qui les représente pour la conseiller. La Commission soutient également les initiatives d'éducation et de promotion des intérêts des consommateurs.

La protection de l'environnement

L'évolution de la politique de l'environnement est caractéristique de la tendance à une interpénétration toujours plus grande entre les politiques européennes. Cette évolution fut confirmée par le Traité d'Amsterdam qui ajouta aux missions de la Communauté définies à l'article 2 TCE « un niveau élevé de protection et d'amélioration de la qualité de l'environnement ». De même fut ajouté le nouvel article 6 qui dispose que « Les exigences de la protection de l'environnement doivent être intégrées dans la définition et la mise en œuvre des politiques et actions de la Communauté (...) en particulier afin de promouvoir le développement durable ». Auparavant, l'Acte Unique et le Traité de Maastricht avaient établi les bases juridiques d'une action communautaire en ce domaine.

Durant de nombreuses années, et encore aujourd'hui, la politique de l'environnement est passée par des mesures régulatrices visant à corriger les déficiences du marché ou, de manière plus spécifique, les externalités négatives de la production nuisant à l'environnement. Il en résulte une législation abondante en matière de gestion des déchets, de pollution de l'air et de l'eau, de protection contre le bruit, de protection des espèces animales et végétales, de risques naturels et technologiques.

Bien que le processus décisionnel en ces matières relève de l'article 251 TCE (processus de co-décision avec majorité qualifiée au Conseil), il est souvent difficile pour la Commission de faire adopter ses propositions. En effet, elles vont parfois à l'encontre d'intérêts économiques considérables, comme ce fut le cas de la directive de 2000 sur les véhicules en fin de vie imposant diverses obligations coûteuses aux constructeurs automobiles que le gouvernement allemand avait tenté d'éviter. Il s'agit parfois d'intérêts de nature plus culturelle comme le montrent les résistances françaises aux restrictions mises à la chasse pour protéger certaines espèces d'animaux sauvages.

La préparation de ces différentes mesures relève de la direction générale chargée de l'environnement qui, en s'associant à des experts reconnus, a su donner force et visibilité à la Commission dans ce domaine. A également été créée une Agence européenne pour l'environnement dont les compétences sont uniquement consultatives. Sa fonction est de recueillir et diffuser des informations dans le domaine de l'environnement et ses travaux sont utilisés dans le processus d'adoption de nouvelles mesures ou d'évaluation des décisions déjà prises. Les autres politiques qui doivent inclure des préoccupations environnementales sont, notamment, la politique agricole, ainsi que les politiques de la pêche, des transports, de l'énergie.

Il faut signaler ici le cas particulier des biotechnologies qui a des implications pour la protection tant des consommateurs que de l'environnement. La nouveauté du phénomène, les incertitudes scientifiques qui l'entourent, les réactions de l'opinion publique, les effets possibles sur le développement économique ont rendu particulièrement délicate l'intervention des autorités des États membres et de l'Union dans ce domaine. Après de nombreuses discussions internes, la Commission a proposé une régulation de tous les processus qui incluent les organismes génétiquement modifiés (OGM), d'où ont résulté deux directives adoptées en 1990. L'une est relative à la libération délibérée d'OGM dans l'environnement et exige une autorisation préalable ainsi que l'indication des produits contenant des OGM. L'autre concerne l'utilisation confinée des OGM et vise à éviter tout risque dans cette utilisation. Cette législation, reflet de la méfiance de l'opinion publique européenne, est plus restrictive que celle des États-Unis ce qui provoque des conflits commerciaux avec eux.

Pour protéger l'environnement, la tendance actuelle est d'aller au-delà d'une action uniquement régulatrice, incluant celle-ci dans une stratégie qui implique tous les acteurs concernés. Tel est l'objectif du sixième Projet d'action en matière d'environnement, adopté en 2002 et qui définit les priorités jusqu'à 2010. Ces priorités concernent les domaines suivants : les altérations climatiques, la nature et la biodiversité, l'environnement et la santé, la gestion des ressources naturelles et des déchets. L'action stratégique passe par des axes prioritaires parmi lesquels on retiendra la collaboration avec le marché et l'implication des citoyens pour modifier leurs comportements. Parmi les nouveaux instruments qui pourront être utilisés, le plus important est l'instrument fiscal (impôt sur l'énergie, éco-taxe), mais qui est difficile à adopter puisqu'il nécessite l'unanimité au sein du Conseil. Ces priorités s'inscrivent dans l'objectif d'un développement économique durable qui est au cœur du processus de Lisbonne visant à une meilleure articulation de toutes les politiques de l'Union.

Enfin il convient de signaler que la dimension mondiale des problèmes d'environnement s'impose de plus en plus, et que l'Union européenne est particulièrement active dans les conférences internationales sur ce thème (cf. p. 127). Sur la question des émissions de gaz à effet de serre, par exemple, la Communauté a ratifié le Protocole de Kyoto et a manifesté son désaccord avec l'actuel gouvernement des États-Unis qui refuse de le ratifier.

La création de la monnaie unique

L'Union économique et monétaire (UEM) fut inscrite dans le Traité de Maastricht et constitue l'ultime étape de l'intégration économique, la création de la monnaie unique permettant que le marché fonctionne réellement comme marché intérieur unifié. Selon le Traité de la Communauté européenne, l'Union économique et monétaire comprend deux éléments : d'une part, la politique monétaire, pour laquelle les États membres ont transféré des compétences à l'Union dans le but de créer une monnaie commune ; et, d'autre part, la politique économique qui reste essentiellement de la compétence des États et pour laquelle il existe seulement une coordination des politiques nationales dont nous parlerons dans un chapitre ultérieur (cf. p. 106 sq.).

En ce qui concerne la politique monétaire, il existe des antécédents à l'UEM, puisque déjà, autour de 1970, il avait été prévu une union économique et monétaire qui devait être implantée en dix ans. Cependant, la situation empira avec l'effondrement du système de parités fixes qui avait été établi à Bretton Woods au sortir de la seconde guerre mondiale, les États-Unis adoptant la fluctuation du dollar par rapport à l'or en 1971. Plusieurs tentatives furent faites pour atteindre une stabilité monétaire à l'intérieur de la Communauté, qui conduisirent à la création du Système monétaire européen (SME) visant à limiter les variations entre les monnaies.

Les négociations sur la création d'une véritable Union économique et monétaire furent reprises en 1988 et le Traité de Maastricht l'inscrivit dans le Traité de la Communauté. Il prévoyait le passage à la monnaie unique au plus tard le 1er janvier 1999, et ce fut, en effet, à cette date que onze des quinze États membres adoptèrent l'euro comme monnaie commune : ce sont les pays de la « zone euro », rejoints par la Grèce en 2001.

Cette création passe par un processus complexe. Tout d'abord, il fallait créer une nouvelle Banque Centrale Européenne (BCE) qui, avec les banques centrales nationales, forme le Système Européen des Banques Centrales (SEBC). Le principe de base est leur complète indépendance par rapport aux gouvernements nationaux et aux institutions européennes, ce qui obligea certains États membres à adapter les statuts de leurs propres banques centrales. La BCE et le SEBC ont les mêmes organes de décision : d'une part, un directoire, composé d'un président, d'un vice-président et de quatre autres membres nommés pour huit ans [2] ; et, d'autre part, un conseil des gouverneurs, composé des membres du directoire et des gouverneurs des banques centrales.

---

[2] *Ils ne peuvent être révoqués que par la Cour de Justice pour incapacité ou faute grave.*

La mission principale du SEBC est la définition et la mise en œuvre de la politique monétaire au sein de la zone euro [3]. Le Traité fixe comme objectif principal au SEBC le maintien de la stabilité des prix, et c'est dans cette optique que la Banque Centrale Européenne a déterminé, depuis 1999, les variations des taux d'intérêt. La marge d'inflation maximale acceptée est de 2 % par an, et aucune autre considération touchant, par exemple, à la croissance économique ou à la réduction du chômage, ne peut prévaloir sur l'objectif de stabilité des prix.

Les autres attributions du SEBC et de la BCE sont la détention et la gestion des réserves de change des États membres et la réalisation des opérations de change, mais la politique de change, sous forme d'accords avec les pays tiers, reste de la compétence du Conseil. L'Union européenne a adopté un système de change fluctuant, ce qui fait que l'euro s'est dévalorisé d'environ 30 % par rapport au dollar dans la période qui a suivi sa création, avant de remonter, sans affecter pour autant la crédibilité de la nouvelle monnaie ni celle de la BCE.

Pour entrer dans la monnaie commune, les États devaient, au préalable, observer quatre critères de convergence relatifs à la stabilité des prix, à l'équilibre des finances publiques (ce qui impliquait une limitation rigoureuse des déficits budgétaires et de la dette publique), à la stabilité de la monnaie et à la limitation des taux d'intérêt à long terme. Une fois entrée en vigueur, l'existence d'une monnaie commune exige une discipline budgétaire semblable dans tous les États concernés. Cela a conduit a l'adoption d'un Pacte de stabilité et de croissance destiné à assurer le respect de la discipline budgétaire au moyen d'un contrôle commun sur les éventuels déficits (cf. p. 108).

En mai 1998, le Conseil, réuni au niveau des chefs d'État et de gouvernement, a reconnu que onze États membres candidats à la monnaie unique respectaient les critères de convergence. Trois pays ne souhaitaient pas participer à l'euro (le Royaume-Uni, le Danemark et la Suède) cependant que la Grèce n'a réussi à respecter les critères de convergence que plus tard et n'a intégré l'euro qu'en 2001. Au 1er janvier 1999 les taux de conversion de l'euro par

---

[3] *Dans la pratique, comme le SEBC inclut les banques centrales des quinze États membres y compris ceux qui n'ont pas adopté l'euro, lorsqu'il s'agit de traiter de la politique monétaire dans la zone euro seules participent les banques centrales des pays qui en sont membres, dans ce qui est appelé informellement l'Eurosystème.*

rapport aux monnaies des États membres participants furent fixés de manière irrévocable et la Banque Centrale européenne a commencé à fonctionner, se substituant au dispositif provisoire de l'Institut monétaire européen. Les monnaies nationales persistèrent seulement comme formes différenciées d'une même monnaie commune avant de disparaître définitivement au début de 2002, quand les billets et pièces en euros sont entrés en circulation. Si l'on peut s'attendre à ce que la Suède, le Danemark et le Royaume-Uni adoptent l'euro à plus ou moins brève échéance pour bénéficier de ses effets positifs, les délais pour que les nouveaux États membres remplissent les critères leur permettant d'entrer dans la zone euro sont plus incertains.

Globalement, le pari de la création d'une monnaie unique, ultime étape dans l'unification du marché, a été réussi. Il constitue une avancée irréversible, car il est difficile d'imaginer un État de la zone euro revenant en arrière et recréant sa propre monnaie. L'intégration européenne s'en trouve renforcée et on peut considérer que c'est un pas supplémentaire vers un fédéralisme européen, la Banque centrale européenne constituant, pour l'instant, la seule institution de l'Union de caractère véritablement fédéral.

LES SECTEURS QUI DÉROGENT AU PRINCIPE DE LIBRE CONCURRENCE ET LA POLITIQUE RÉGIONALE

Le principe de concurrence, principe central dans la construction du marché commun, ne s'applique pas de la même manière à tous les secteurs de la production économique. Dans le secteur de l'agriculture et de la pêche, les États ont une longue tradition de protectionnisme, appuyée par des groupes d'intérêt influents au plan politique. Cette tradition a persisté avec l'unification du marché européen de sorte que la politique agricole commune fait échapper ce secteur à la concurrence tant intérieure qu'extérieure.

Dans les services d'intérêt économique général (télécommunications, transports, énergie), divers États avaient créé des situations de monopole sous forme d'entreprises publiques ou de concession de service public. A partir des années 80, la Communauté européenne s'est engagée dans une politique de libéralisation généralisée, mais a reconnu aux États membres le droit de limiter l'application du principe de libre concurrence pour la réalisation de missions de service public.

En ce qui concerne la politique régionale, la Communauté compense les inégalités entre régions par des aides publiques qui peuvent déroger aux règles de fonctionnement d'un marché libre et concurrentiel.

Dans ces trois cas des raisons sociales justifient de s'éloigner des principes libéraux qui furent à la base de la création du marché commun, permettant l'attribution d'aides publiques de la part de l'Union ou des États nationaux. Cependant, par-delà ce trait commun, ces politiques présentent de grandes différences dans les instruments que l'Union européenne utilise pour leur mise en œuvre. Dans le cas de l'agriculture et de la pêche, une réglementation abondante est complétée par des aides financières communautaires qui font de la politique agricole la principale politique distributive de l'Union. Dans le cas des services d'intérêt économique général, il s'agit uniquement d'une politique communautaire régulatrice s'appuyant sur des directives et des règlements, les soutiens financiers éventuels étant accordés par les États. Quant à la politique régionale de l'Union, elle est principalement une politique redistributive en faveur des régions ou des États moins développés ou en crise. C'est ce que nous allons voir dans ce chapitre.

La Politique Agricole Commune (PAC)

Bien que la part de la population employée dans l'agriculture ait diminué drastiquement [1], la protection des agriculteurs a toujours été une préoccupation politique prédominante dans de nombreux pays européens, et le Traité de Rome, en définissant la Politique Agricole Commune (PAC), n'a fait que continuer la politique protectionniste alors en vigueur dans les États membres. Du fait que le marché commun impliquait la libre circulation des produits agricoles il fallait, en effet, que cette protection soit organisée au niveau communautaire.

Pendant longtemps, et à un moindre degré encore aujourd'hui, la PAC a été la politique communautaire la plus importante par le volume de la réglementation, des ressources financières et de l'activité administrative. Jusqu'à la fin des années 80, la PAC était fondée principalement sur le soutien aux prix agricoles et sur la protection par rapport au marché mondial. Parmi les différents objectifs énumérés par le Traité de Rome, la préoccupation majeure était le maintien du revenu des agriculteurs. Pour cette raison, la PAC peut être considérée comme faisant partie du *Welfare State,* assurant aux agriculteurs une garantie de revenu qui, pour les autres travailleurs, résultait du système de protection sociale. Parmi les autres objectifs, il faut noter également la sécurité d'approvisionnement puisqu'à ses débuts la Communauté européenne était déficitaire dans le domaine de la production agricole.

Depuis 1992, la PAC est entrée dans un processus continu de réforme. Aussi, pour comprendre ses nouvelles orientations, convient-il de présenter ce que furent ses principes directeurs durant trente ans. Ils ont consisté, à titre principal, en un soutien des prix à travers l'organisation commune des marchés qui, bien qu'encore appliqué aujourd'hui, perd progressivement de son importance.

---

[1] *Elle représente environ 5 % de la population active, en moyenne dans l'Union européenne, descendant à 2 % au Royaume-Uni et ne montant au-dessus de 10 % que dans trois pays (Grèce, Irlande et Portugal).*

A chaque produit ou groupe de produits agricoles s'applique une organisation commune des marchés qui fonctionne de différentes manières. Le modèle le plus interventionniste réglemente les prix et s'applique notamment aux céréales, aux produits laitiers, à la viande et au sucre. Chaque année et pour chacun de ces produits est fixé un prix indicatif ou d'orientation, un prix d'intervention et un prix de seuil. Le prix indicatif représente le prix auquel les instances communautaires estiment que les transactions devraient se dérouler. Le prix d'intervention est le prix garanti au producteur en-deçà duquel le produit est acheté et stocké par les organismes d'intervention nationaux à l'aide de financements européens. Le prix de seuil, pour sa part, est le prix minimum auquel peuvent être vendus les produits importés : plus élevé que le prix d'intervention, il limite la concurrence des produits importés et permet que le prix sur le marché intérieur s'établisse dans une fourchette entre prix d'intervention et prix de seuil. Par ailleurs, les exportations sont subventionnées, recevant une « restitution » pour compenser la différence entre le prix intérieur et le prix sur le marché mondial. Pour les autres produits, l'organisation commune des marchés est moins interventionniste, impliquant uniquement, par exemple, une protection contre les importations ou des aides directes aux producteurs.

A l'organisation commune des marchés s'ajoute une politique structurelle qui favorise la restructuration des exploitations agricoles. Elle soutient également l'agriculture de montagne ou dans certaines zones défavorisées, dans le cadre de la politique de développement régional (cf. p. 81).

Le financement de la PAC est assuré par le Fonds Européen d'Orientation et de Garantie Agricole (FEOGA) qui comprend deux sections : la section « Garantie », de loin la plus importante, concerne le financements des dépenses relatives à l'organisation commune des marchés ; la section « Orientation » contribue aux réformes structurelles dans l'agriculture et au développement des zones rurales, elle fait partie des fonds structurels utilisés pour la politique régionale.

La PAC a produit des effets positifs, faisant passer l'Europe communautaire d'une situation agricole déficitaire à une situation excédentaire et contribuant à la modernisation de l'agriculture. Néanmoins, elle a également produit des effets pervers car, contrairement à ce qui était voulu et prévu, elle a favorisé davantage les gros agriculteurs que les petits. En outre, le système de prix garantis a favorisé la monoproduction intensive, engendrant des excédents et des conséquences négatives pour l'environnement, et elle a découragé la recherche de diversification et d'adaptation à la demande des consommateurs.

Dès les années 80, la Communauté européenne s'est souciée de diminuer la production dans les secteurs excédentaires, en établissant des quotas de production (pour le lait et le sucre) ou en encourageant la mise en friche des terres. A partir de 1992, de nouvelles orientations ont été définies et, depuis lors, la PAC passe par un processus permanent de réforme qui s'est accentué avec l'Agenda 2000.

Trois facteurs contribuent à ces changements. Le premier est le coût de plus en plus élevé de la PAC : en mars 1999, le Conseil européen de Berlin, en approuvant l'Agenda 2000, a clairement fait apparaître les oppositions entre, d'un côté, l'Allemagne et le Royaume-Uni qui souhaitaient une diminution des dépenses de la PAC, et, d'un autre côté, la France qui a finalement obtenu un statu quo. Le second facteur est la nécessité de rendre la PAC compatible avec les accords internationaux négociés dans le cadre du GATT et maintenant de l'OMC [2]. Le troisième facteur est le prochain élargissement de l'Union : les candidats d'Europe centrale et orientale ont une population agricole proportionnellement plus importante qu'en Europe occidentale et la PAC aurait un coût beaucoup plus élevé si elle leur était étendue sans modification.

Dans les nouvelles orientations de la PAC l'accent mis sur la protection du marché intérieur diminue, tandis que la préservation de l'activité économique dans les zones rurales et la qualité de la production prennent une place plus importante. Le but est de diminuer progressivement le soutien des prix agricoles en remplaçant le système d'organisation des marchés par des aides individuelles et par la politique structurelle. En d'autres termes, il s'agit d'une politique dirigée non plus vers les produits mais vers les producteurs, notamment pour les aider à diversifier leurs activités économiques. La « nouvelle PAC » inclut également des préoccupations pour la protection de l'environnement, la gestion de l'espace rural, la qualité des produits et leur adéquation au marché, ainsi que des

---

[2] *Les réformes initiées en 1992 ont pris en compte les négociations de l'Uruguay Round. Plus récemment, à la conférence de Doha de novembre 2001 qui a ouvert un nouveau cycle de négociations de l'OMC, l'Union européenne a dû accepter l'ouverture de négociations sur le retrait progressif des subventions à l'exportation des produits agricoles (cf. p. 126).*

préoccupations sanitaires pour la protection des consommateurs (cf. p. 58) et la préservation du bien-être des animaux. Dans les relations avec les pays tiers, la nouvelle PAC ouvre le marché européen en remplaçant l'ancien système de taxation des importations par des droits de douane qui iront en diminuant progressivement. Parallèlement les aides à l'exportation doivent diminuer.

Dans un monde de plus en plus globalisé il paraît évident que la PAC, en tant que politique protectionniste, devra être abandonnée. De fortes résistances sont venues, jusqu'à présent, des organisations d'agriculteurs dont l'influence politique reste supérieure à leur poids économique. Il existe toutefois des divergences sur cette question entre les États membres, le Royaume-Uni ayant toujours été très hostile à la PAC alors que la France, qui en est un des principaux bénéficiaires, en a été dès le début un ardent défenseur. Mais il ne fait pas de doute que la pression des pays tiers dans les négociations commerciales avec l'Union Européenne se fera de plus en plus forte.

La politique de la pêche

Dans le Traité de la Communauté européenne, la PAC inclut la pêche à laquelle s'appliquent les mêmes dispositions qu'à l'agriculture. Cependant, à partir de 1970, la politique commune de la pêche, désignée communément comme « l'Europe bleue », a commencé à se distinguer de la PAC et à présenter des caractéristiques et des orientations propres. Cette politique a dû s'adapter à une grande diversité dans les pratiques de la pêche et au fait que les élargissements successifs ont fait entrer dans la Communauté des pays ayant des intérêts majeurs dans ce secteur, notamment l'Espagne et le Portugal.

Divers aspects de la politique de la pêche avaient été arrêtés pour une période se terminant au 31 décembre 2002 et de nouvelles orientations devaient donc être définies à partir de 2003. Dans cette perspective la Commission a publié, en 2001 un Livre Vert qui a été débattu dans les autres institutions de l'Union et a donné lieu à un débat ouvert à tous les intéressés (organisations de pêcheurs, ONG de protection de l'environnement, etc.). Les mesures qu'elle a ensuite présentées visant à limiter plus sérieusement la pêche afin de garantir la préservation des ressources n'ont cependant été que très partiellement suivies par le Conseil du fait des résistances de pays comptant un nombre important de marins-pêcheurs, à savoir la France, les pays méditerranéens et l'Irlande. En effet, bien que le poids économique de la pêche soit encore inférieur à celui de l'agriculture (il représente moins de 1 % du PIB de l'Union), ce secteur continue de mobiliser l'attention des gouvernements et suscite de vifs débats.

La préservation des ressources est devenue le principal objectif de la politique commune de la pêche. Elle est assurée grâce à la fixation annuelle de « totaux admissibles de captures » qui sont déterminés par espèces et réparties sous forme de quotas entre les États membres. Ces décisions sont prises par le Conseil sur proposition de la Commission, celle-ci prenant en compte les données scientifiques sur la situation des ressources. Cependant, pour des raisons politiques, le Conseil va toujours au-delà des propositions de la Commission, déterminant des quotas plus en accord avec les attentes des pêcheurs. Liés à ces limites il existe des règlements sur les techniques de pêche, dans le but d'éviter de prendre des poissons non encore adultes ou de protéger d'autres espèces, notamment les mammifères marins. Il s'agit là de dépasser une vision en termes uniquement de préservation des ressources pour atteindre une vision plus large sur la préservation de la biodiversité et de l'environnement.

La seconde orientation de la politique de la pêche consiste en une politique structurelle visant à moderniser les flottes et les infrastructures. L'objectif principal est la réduction des flottes de pêche pour les adapter aux ressources disponibles. Des mesures de réduction pour chaque État membre sont fixées dans des programmes d'orientation pluriannuels et, en contrepartie, des aides financières sont accordées pour la cessation d'activité ou la reconversion. Un fond spécial a été créé pour le financement de la politique structurelle de la pêche, dénommé Instrument de Financement et d'Orientation des Pêches (IFOP), dont les interventions sont incluses dans la politique régionale (cf. p. 82). Cependant, selon la Commission, la capacité de pêche reste encore excessive.

En troisième lieu, comme pour la PAC, la politique commune de la pêche est basée sur l'organisation commune des marchés. Tous les ans sont établis, au niveau européen, des prix d'orientation pour les différentes espèces de poissons. En relation avec les prix d'orientation, les organisations nationales de producteur peuvent fixer des prix de retrait en dessous desquels ils ne vendent pas le poisson de leurs membres mais leur attribuent une compensation financière financée en partie par des fonds européens. Il existe également des mécanismes de protection dans le commerce avec les pays tiers.

Enfin, il faut souligner que la pêche est, par nature, une activité à fortes implications internationales. La politique extérieure de la pêche a été transférée à la Communauté européenne. Elle concerne la conservation des espèces et de la biodiversité qui, spécialement dans l'Atlantique Nord, est un problème commun à l'Union et aux autres pays riverains. Elle concerne surtout l'accès aux territoires de pêche pour lequel des accords sont passés avec les pays tiers s'accompagnant, de mesures de coopération pour certains pays en développement. A l'intérieur de la Communauté le principe de libre accès aux eaux territoriales de chaque État membre a été posé pour les ressortissants des autres États membres, mais des exceptions temporaires ont été imposées dans la zone de 12 milles principalement à l'Espagne et au Portugal lors de leur adhésion, et ceci jusqu'à la fin de 2002.

La libéralisation des services d'intérêt économique général (télécommunications, transports, énergie)

Les services d'intérêt économique général concernent les secteurs des communications, des transports et de l'énergie, et leurs modes de fonctionnement varient grandement selon les pays européens. La question qui se posait, au niveau de l'Union, était de savoir jusqu'à quel point les États peuvent déroger au principe de libre concurrence, au moyen de règles ou de subventions publiques, pour garantir leurs missions de service public.

Cependant, cette question ne prenait son sens qu'à partir du moment où le principe de liberté de prestation était réellement appliqué à ces services. C'est seulement à la fin des années 80 que la pression pour les libéraliser se fit plus forte, lorsque l'on prit conscience de leur importance dans le processus d'unification du marché intérieur. Parallèlement, dans les années 90, s'élabora la doctrine européenne sur les services d'intérêt général. Cette intervention tardive explique que ces questions soient encore en pleine évolution et mutation.

Il convient de préciser que les services d'intérêt général dont il s'agit ici sont uniquement les services intervenant sur le marché, et que le régime de concurrence défini par le TCE ne s'applique pas aux services d'intérêt général de nature sociale (systèmes publics d'enseignement, de santé, de sécurité sociale, etc.) ni à l'exercice de la puissance publique dans les services régaliens (police, justice, etc.).

Les divergences dans les traditions nationales et l'émergence de la notion d'intérêt économique général au niveau européen

La notion de service public et les formes juridiques qui lui sont liées varient beaucoup d'un pays à l'autre de l'Union Européenne. En France, la notion de service public constitue le fondement du droit administratif, situation que l'on retrouve également dans les pays qui ont été influencés par le droit français (Espagne, Italie, Portugal, Grèce et Belgique). Une distinction y est faite entre les services publics administratifs et les services publics industriels et commerciaux, la gestion de ceux-ci incombant généralement à des entreprises publiques en situation de monopole. En Allemagne, les concepts sont différents, se fondant sur une conception forte de l'État et une tradition ancienne d'entreprises publiques mais avec des pouvoirs étendus attribués aux Länder. Au Royaume-Uni, en l'absence d'une conception unifiée des services publics, la gestion des services d'intérêt économique général est assurée par des *public utilities* qui, jusqu'aux années 80, étaient organisés sous forme d'entreprises publiques. D'autres pays, comme la Hollande ou les pays nordiques n'ont pas cette tradition d'entreprises publiques : les autorités ne créent pas des activités de service public mais régulent les activités présentant un caractère d'intérêt général de sorte que tous puissent y avoir accès à un prix raisonnable.

En dépit de ces différences dans les traditions nationales, les décennies 80 et 90 ont été marquées, dans plusieurs pays européens, par des transformations dans la gestion des services d'intérêt général, à savoir des privatisations et la fin des monopoles des entreprises publiques. C'est dans ce contexte qu'au niveau européen la notion de service d'intérêt économique général, présente dès le Traité de Rome, s'est enrichie de nouvelles significations et a commencé à orienter l'évolution de ces services dans toute l'Union.

A l'origine, en effet, les rédacteurs du Traité de Rome ne s'étaient guère souciés de la question des services publics : leur préoccupation majeure était que l'existence de puissantes entreprises publiques ne serve par de prétexte pour échapper aux règles européennes de libre circulation et de libre concurrence. Ainsi s'explique la formulation de l'article 86 TCE selon lequel « les entreprises chargées de la gestion de services d'intérêt économique général ou présentant les caractères d'un monopole fiscal sont soumises aux règles du présent traité, notamment aux règles de concurrence, dans les limites où l'application de ces règles ne fait pas échec à l'accomplissement en droit ou en fait de la mission particulière qui leur a été impartie. Le développement des échanges ne doit pas être affecté dans une mesure contraire à l'intérêt de la Communauté ». Les commentateurs, du moins en France, considèrent généralement ce texte comme l'expression du libéralisme et comme une menace contre la conception classique du service public. Cependant, dans les années 90, la doctrine européenne sur les services publics d'intérêt économique général a évolué, en même temps que s'ouvrait un processus généralisé de libéralisation.

La doctrine actuelle sur les services d'intérêt économique général

De fait, la nécessité apparut de définir avec plus de précision la notion de service d'intérêt économique général ainsi que ses conséquences juridiques, ce qui fut fait en premier lieu par la Cour de Justice dans ses arrêts *Corbeau*, de 1993, et *Commune d'Almeida*, de 1994. Par la suite, la Commission, face aux désaccords persistants entre les gouvernements, publia, en 1996, une importante communication sur les services d'intérêt général qui tentait de concilier la conception française du service public avec les conceptions plus souples notamment de l'Europe du Nord. Cette communication fut approuvée par le Conseil Européen et complétée par deux autres communications de 2000 et 2001 sur le même thème, établissant ainsi les bases de l'action des autorités européennes en ce domaine.

La communication de 1996 insiste sur le rôle des services d'intérêt général en tant qu'élément clé du modèle européen de société. Cette insistance de la Commission sur un modèle européen de société, sur un ensemble de valeurs communes à tous les États et qui fait l'originalité de l'Europe, peut apparaître comme une manière de prendre ses distances par rapport au néo-libéralisme et au modèle nord-américain. Nombreuses sont les expressions qui valorisent ces services, dont le texte relève notamment la dimension symbolique, les considérant comme constitutifs du lien de citoyenneté et de l'identité culturelle.

Fondés sur des valeurs communes, les services d'intérêt général obéissent aux principes de continuité, d'égalité d'accès, d'universalité et de transparence. Mais la Commission insiste également sur la grande diversité qui préside à leur mode d'organisation et sur la nécessité de la respecter, appliquant ici le principe de subsidiarité. En accord avec ce principe, il revient à chaque État de définir les missions d'intérêt général qu'il entend promouvoir, ainsi que le statut public ou privé des opérateurs qu'il choisit pour les mettre en œuvre. La Communauté, quant à elle, doit réaliser l'équilibre entre la prise en compte des objectifs d'intérêt général et les impératifs du marché unique et de la libre concurrence. L'exemption des règles de concurrence, prévue par l'article 86 TCE, doit donc respecter le principe de proportionnalité et découler d'obligations clairement définies par le cahier des charges d'intérêt général. Cette transparence limite les privilèges abusifs qui contrediraient les règles de libre concurrence sans être justifiées par l'intérêt général.

La mise à l'écart du principe de libre concurrence peut recevoir des justifications de deux types : le service universel et les autres obligations de service public. Le service universel découle de l'obligation d'assurer à tous un service de qualité à un prix accessible. Les principes qui lui sont applicables sont l'égalité, l'universalité, la continuité et l'adaptation, qui sont les principes traditionnels du service public [3]. Il est à remarquer que le service universel ne s'applique qu'à certains services d'intérêt économique général. Les autres obligations de service public qui peuvent justifier l'exemption des règles de libre concurrence sont la sécurité d'approvisionnement, la protection de l'environnement, la solidarité économique et sociale, l'aménagement du territoire, la promotion des intérêts des consommateurs.

Juridiquement, les avantages concédés par les États aux entreprises chargées d'un service d'intérêt général sont considérés comme des aides publiques telles qu'elles sont définies dans le droit de la concurrence (art. 87 à 89 TCE), ce qui signifie qu'elles sont soumises à un contrôle de la part de la Commission. L'objectif de

---

[3] *Cette notion de service universel a été critiquée par certains auteurs qui trouvent que, comparée au service public tel qu'on l'entend traditionnellement en France, elle apparaît comme un « service minimum » s'appuyant sur le principe d'équité plus que sur celui d'égalité.*

cette aide doit être de compenser les coûts additionnels liés à la mission de service d'intérêt général, la Commission vérifiant que la compensation n'excède pas les coûts. Une attention particulière est également portée aux procédures selon lesquelles les entreprises privées se voient concéder une mission de service public, de manière à garantir le respect des principes de concurrence et de transparence.

On voit ainsi le rôle important qui échoit à la Commission en ce qui concerne les services d'intérêt économique général. Nous avons vu, au chapitre précédent, qu'elle dispose de pouvoirs étendus pour contrôler les aides des États aux entreprises, ce qui vaut également pour ces services. En outre, dans ce domaine, la Commission peut émettre des directives, sans avoir besoin de l'accord Conseil, pour que les États n'aillent pas à l'encontre des règles de concurrence (art. 85-3 TCE). Bien que la Commission n'ait utilisé qu'une seule fois cette prérogative, elle n'en constitue pas moins une menace pour amener le Conseil à prendre les décisions jugées nécessaires par la Commission afin de libéraliser ces secteurs. De fait, la Commission, appuyée par la Cour de Justice, a été un acteur essentiel dans le processus de libéralisation et d'élaboration d'une doctrine sur les services d'intérêt général [4].

Les secteurs dans lesquels s'applique la théorie des services d'intérêt général

Tous les secteurs concernés sont passés, depuis la fin des années 80, par un processus de libéralisation, selon des modalités adaptées à chacun. Les monopoles ou les secteurs largement aidés par les États ont été obligés de s'ouvrir à la concurrence, tandis que les missions de service public et les aides publiques correspondantes étaient définies de manière restrictive.

Ce processus prend place dans des politiques plus larges visant à adapter ces secteurs qui sont particulièrement importants pour le développement de l'économie européenne. Parmi les préoccupations orientant ces politiques il convient de relever les mutations technologiques, la sécurité des personnes et la protection de l'environnement. L'Union met également en avant la nécessité de former

---

[4] *Cette nouvelle conception du service d'intérêt général a été consacrée par le Traité d'Amsterdam qui a ajouté au TCE un nouvel article 16 à ce sujet.*

des véritables réseaux européens par l'intégration des réseaux nationaux.

Télécommunications et services postaux

Dans le secteur des télécommunications, la Communauté européenne a conduit une politique d'ouverture progressive à la concurrence initiée dès 1987. Toutefois, le pas le plus important fut, en 1993, la décision d'ouvrir le marché et les infrastructures de téléphonie vocale à partir de 1998, que ce soit pour les téléphones fixes ou mobiles.

Cette ouverture s'est accompagnée de la définition d'obligations de service universel qui incluent notamment l'accès de tous, à un prix raisonnable, à un réseau permettant la transmission de la voix, des données et de la télécopie. Ces obligations s'appliquent aux services de ligne fixe, mais il faut remarquer que de plus en plus les usagers, même à faibles ressources, choisissent d'utiliser exclusivement les services de téléphonie mobile [5].

Dans le service postal, qui constitue le monopole le plus traditionnel, l'ouverture à la concurrence se fait progressivement depuis une directive de 1997. Un service universel a été défini pour garantir la collecte et la distribution quotidienne des envois et commandes postaux.

Il faut noter que l'ouverture de ces secteurs est liée aux mutations technologiques, et plus spécifiquement au développement de l'internet, qui conduisent à une convergence entre les télécommunications, les technologies de l'information et les moyens de communication sociale. La « société de communication », selon la terminologie utilisée par l'Union européenne, et qui est la résultante de ce processus, est considérée comme une composante essentielle de la croissance et de la compétitivité de l'économie européenne (cf. p. 117). La libéralisation des télécommunications s'inscrit dans cette évolution [6].

---

[5] *Les États ont dû s'adapter à cette nouvelle réglementation tandis que, parallèlement, ils devaient affronter de grandes mutations technologiques. En Grande-Bretagne, la concurrence existait depuis 1982 et la British Telecom avait été privatisée en 1984. En France, il fallut attendre une loi de 1996 pour instaurer la concurrence dans l'utilisation des infrastructures de téléphonie vocale et modifier le statut de France-Telecom.*

[6] *Dans le cas des communications mobiles digitales, elle s'est accompagnée de l'adoption du système GSM comme norme des communications mobiles dans*

Radio et télévision

Le principe de liberté de prestation des services a également été appliqué dans ce secteur, notamment à travers la directive « Télévision sans frontières » de 1989. Elle vise à garantir à tous les résidents l'accès à tous les programmes communautaires que les technologies de retransmission par câble ou satellite rendent possible. Cette directive établit une harmonisation minimale en ce qui concerne, notamment, la publicité, le patronage des programmes, la défense des mineurs et le droit de réponse. Elle prévoit également que les États accordent une part du temps de diffusion à des œuvres européennes [7].

Toutefois, cette reconnaissance de la liberté de prestation de services dans les secteurs de la radio et de la télévision à l'intérieur de l'Union n'a pas supprimé la possibilité pour les États de concéder des missions de service public, possibilité qui fut explicitement reconnue par le Protocole 9 annexé au Traité d'Amsterdam. Pour accomplir ces missions, les organismes de diffusion qu'ils soient publics ou privés, peuvent recevoir une aide de l'État aux conditions exposées antérieurement.

Il faut signaler enfin que la politique audiovisuelle de l'Union inclut également des mesures pour promouvoir le développement de l'industrie audiovisuelle, ainsi que pour promouvoir la production cinématographique et télévisuelle. L'Union intervient aussi dans le choix des normes techniques communes pour la diffusion télévisuelle, en particulier celle de haute définition.

Transports

Dès l'origine, le Traité de Rome avait prévu une politique commune des transports, qui était une des trois politiques communes avec la politique agricole et la politique commerciale, ce qui pouvait impliquer une intervention plus étendue de la Communauté que dans les autres politiques. Ce n'est cependant pas ce qui s'est produit, la politique des transports ayant rencontré de nombreux obstacles, et il

---

l'Union. La question se pose à présent de la transition avec le système de communication mobile à haute vitesse pour lequel l'Union a adopté la norme UMTS en 1998.

[7] *Cette mesure a été fortement contestée par les États-Unis pour l'avantage qu'elle donne aux œuvres européennes par rapport à la production nord-américaine, mais l'Union défend cette « exception culturelle » au sein de l'OMC (cf. p. 127).*

fallut attendre les années 90 pour que se produisent des transformations profondes à partir d'une libéralisation généralisée. Cette libéralisation s'est appliquée aux transports routiers, ferroviaires, fluviaux, maritimes et aériens. En règle générale elle a concerné, dans une première étape, les transports internationaux entre États membres, puis elle a été étendue au « cabotage », c'est-à-dire aux transports internes à un pays effectués par une entreprise d'un autre pays. Pour chaque catégorie de transport il existe des règles communautaires qui définissent les conditions d'accès au marché et garantissent la concurrence, la sécurité des passagers, etc.

Cette libéralisation s'est accompagnée de la possibilité pour les États membres de promouvoir des objectifs de service public, principalement sur deux points : d'une part, la garantie de services sur des destinations non rentables (régions éloignées, îles) et, d'autre part, des exigences continues de service minimum sur toutes les destinations.

Pour ne prendre que l'exemple des transports aériens, les États avaient créé de grandes compagnies nationales qui, généralement, détenaient un monopole dans leur pays d'origine. A partir de 1987, la Communauté européenne a procédé à une ouverture progressive à la concurrence, tout d'abord pour les lignes entre États membres, puis, en 1997, en l'étendant aux lignes intérieures. Parallèlement les services d'assistance en escale dans les aéroports ont été libéralisés. Sont actuellement en discussion les propositions de la Commission visant à instaurer un système unifié de gestion du trafic aérien.

Les États conservent la possibilité d'imposer aux compagnies aériennes des obligations de service public liées à la cohésion économique et sociale et à l'aménagement du territoire. Il existe, en effet, des lignes régionales à faible fréquentation mais qui sont vitales pour le développement régional. L'accès à ces lignes demeure ouvert à tout transporteur aérien dès lors qu'il respecte certaines obligations en contrepartie desquelles il peut recevoir une compensation financière. Si aucun transporteur ne se montre intéressé, l'État a la possibilité de sélectionner, par concours public ouvert au niveau européen, un transporteur exclusif et de prévoir à son profit des compensations financières.

Par ce processus généralisé de libéralisation des transports, l'Union européenne vise la formation d'un marché des transports véritablement communautaire se substituant aux marchés nationaux fermés qui constituaient un obstacle à l'unification du marché intérieur européen. C'est là une condition pour s'adapter à l'augmentation de la demande et surtout pour éviter le congestionnement d'un système de transports de marchandises par trop fondé sur le transport routier, avec les problèmes de sécurité et d'environnement que cela entraîne. Aussi les objectifs d'une politique communautaire incluent-ils une meilleure répartition et une meilleure intégration entre les différents modes de transport routiers, ferroviaires, fluviaux et maritimes.

Électricité et gaz

La libéralisation du marché de l'électricité et du gaz s'inscrit dans une politique plus large de l'énergie qui présente deux aspects : d'une part, le fonctionnement du marché intérieur et, d'autre part, la sécurité d'approvisionnement pour limiter les risques tenant à la dépendance de l'Europe par rapport aux importations de pétrole.

Les directives établissant les règles communes pour la libéralisation de l'électricité et du gaz ont été adoptées respectivement en 1996 et 1998. Par delà leurs ressemblances il faut souligner que les implications en sont plus importantes dans le secteur de l'électricité dans lequel le contrôle de l'État est traditionnellement plus étendu et prend souvent la forme de monopoles publics. Les États membres sont engagés dans un processus de restructuration de ce secteur dont le premier exemple fut la privatisation réalisée au Royaume-Uni à la fin des années 80.

La libéralisation implique la fin des monopoles sur la production, ce qui donne au consommateur la liberté de choix de son fournisseur. Cette liberté est établie de manière progressive, le marché devant être totalement libéré en 2004 pour les entreprises et en 2007 pour les particuliers, mais plusieurs États ont déjà anticipé ces délais [8].

Le caractère de service d'intérêt général est particulièrement significatif dans ce secteur dans lequel s'applique le principe de service universel, à savoir la fourniture garantie d'électricité à prix raisonnable pour tous les clients de l'Union, particulièrement les plus vulnérables. Ce principe s'applique aussi à la fourniture du gaz dans les zones où elle est assurée. Le respect de cette obligation est garanti par des autorités régulatrices créées selon les normes propres

---

[8] *La France avait opposé une forte résistance au Conseil européen de Barcelone, en mars 2002, mais s'est ralliée à ce calendrier quelques mois plus tard.*

à chaque État membre dès lors qu'il a été mis fin au monopole de l'État.

D'autres objectifs de service public incluent la protection de l'environnement et la sécurité d'approvisionnement, préoccupations qui orientent toute la politique énergétique de l'Union. Ces questions font l'objet d'une réflexion approfondie dans les institutions européennes sur la base, notamment, d'un Livre Vert de la Commission de novembre 2000. Cette réflexion revêt également une dimension internationale et, par exemple, pour respecter les dispositions du Protocole de Kyoto sur la réduction des gaz à effet de serre, l'Union privilégie désormais le développement des énergies renouvelables.

Les réseaux transeuropéens

La conséquence attendue de la libéralisation dans ces différents secteurs consistait en une plus grande efficacité économique et, de fait, les prix ont baissé dans plusieurs d'entre eux comme les communications et les transports aériens. En même temps elle a permis l'européanisation des réseaux, mais, pour aller plus loin dans ce sens, la politique d'ouverture contrôlée s'accompagne d'une politique de développement des réseaux transeuropéens.

En effet, les potentialités du marché intérieur sont limitées par le manque d'homogénéité des infrastructures de transports, d'énergie et de télécommunications. Ces infrastructures furent conçues et construites conformément aux besoins de nations particulières dont les économies étaient beaucoup moins interdépendantes qu'actuellement et il en résulte de nombreuses lacunes aussi bien en termes de liaisons physiques (telles des autoroutes qui ne se relient pas aux frontières) qu'en termes de liaisons techniques (telles des lignes téléphoniques qui ne sont pas compatibles avec les communications électroniques avancées).

Le Traité de Maastricht a attribué de nouvelles compétences à la Communauté européenne en ce domaine, déterminant que « la Communauté contribue à l'établissement et au développement de réseaux transeuropéens dans les secteurs des infrastructures du transport, des télécommunications et de l'énergie » (art. 154 TCE). La Communauté a défini plusieurs projets prioritaires dont la réalisation contribue également à lutter contre le chômage.

Elle dispose de divers instruments pour mettre en œuvre cette politique : elle peut promouvoir la coordination entre les États, harmoniser les normes techniques, encourager les recherches et les études. Elle dispose également d'instruments financiers pour financer les études de viabilité ou accorder des garanties d'emprunts et des bonifications d'intérêt, sous condition que les projets bénéficient déjà de l'appui des États membres. Il est possible de faire également appel aux Fonds structurels et au Fonds de cohésion dans le cadre de la politique régionale.

La politique régionale

L'inégalité de développement qui existe encore aujourd'hui entre les États membres est encore plus grande quand la comparaison se fait entre unités territoriales régionales : les dix régions les plus dynamiques ont un produit intérieur brut (PIB) presque trois fois supérieur aux dix régions les moins développées. La question théorique reste ouverte de savoir si le fonctionnement d'un marché commun fondé sur la libre concurrence est capable de garantir, à long terme, un développement équilibré dans toutes ses parties ou si les inégalités vont augmenter. En revanche, il existe un accord dans l'Union sur le fait qu'une aide publique est nécessaire pour donner aux régions en retard les conditions économiques de leur développement.

Cette question a été présente dans la Communauté européenne dès le commencement à travers l'acceptation des aides que les États avaient coutume d'attribuer pour le développement régional. Comme nous l'avons vu, le Traité de la Communauté européenne, au nom de la libre concurrence, interdit les aides publiques mais reconnaît que peuvent être considérées comme compatibles avec le marché commun « les aides destinées à favoriser le développement économique des régions dans lesquelles le niveau de vie est anormalement bas ou dans lesquelles sévit un grave sous-emploi », ainsi que « les aides destinées à faciliter le développement de certaines activités ou de certaines régions économiques quand elles n'altèrent pas les conditions des échanges dans une mesure contraire à l'intérêt commun » (art. 87 TCE). Ainsi, les États ont leurs propres politiques de développement régionale et, dans sa fonction de contrôle des aides concédées par les États, la Commission contrôle à partir de ses propres critères les aides dirigées à cette fin.

Si telle était la situation dès les débuts de la Communauté, dans les années 70 sont apparus les premiers éléments d'une politique régionale impliquant un financement communautaire pour lequel le

Fonds européen de développement régional (FEDER) a été créé en 1975. Ses interventions sont limitées aux régions défavorisées et sont destinées principalement aux investissements productifs, aux infrastructures et au développement des petites et moyennes entreprises.

Cette politique a été élargie à partir de l'Acte unique de 1986, devenant politique de cohésion économique et sociale (titre XVII de la troisième partie du TCE). Le Traité ne définit pas ce qu'est cette cohésion, mais pose dans son article 158 le principes suivant : « Afin de promouvoir un développement harmonieux de l'ensemble de la Communauté, celle-ci développe et poursuit son action tendant au renforcement de sa cohésion économique et sociale ». Une telle affirmation, qui peut paraître quelque peu tautologique, n'en confère pas moins à la cohésion économique et sociale un sens englobant toutes les dimensions de la société et non plus seulement les inégalités régionales.

Le même article 158 ajoute cependant : « En particulier, la Communauté vise à réduire l'écart entre les niveaux de développement des diverses régions et le retard des régions les moins favorisées, y compris les zones rurales ». Cela signifie que la politique régionale, qui existait déjà antérieurement, fut incluse à partir de l'Acte unique dans la politique de cohésion économique et sociale, celle-ci constituant à la fois un objectif pour toutes les politiques communautaires et la base de la politique régionale.

Nous ne traiterons ici que de la politique régionale proprement dite, appelée aussi politique des fonds structurels du fait qu'elle se développe à travers ces fonds, et dont il faut rappeler qu'elle absorbe près du tiers du budget de l'Union.

Les fonds structurels sont :

- le Fonds Européen de Développement Régional (FEDER), déjà mentionné ;
- le Fonds Social Européen (FSE) qui apporte une aide aux États dans leur politique de l'emploi, notamment en faveur de la formation professionnelle, de la recherche d'emploi et de la lutte contre le chômage de longue durée ;
- Le Fonds Européen d'Orientation et de Garantie Agricole (FEOGA), pour ce qui concerne sa Section Orientation utilisée pour l'adaptation des structures agricoles et le développement rural (cf. ci-dessus sur la politique agricole commune) ;
- L'Instrument de Financement et d'Orientation de la Pêche (IFOP, voir plus haut sur la politique de la pêche).

En outre un Fonds de Cohésion a été créé en 1992 pour aider des projets en matière d'infrastructure de transports et d'environnement dans les quatre pays les plus pauvres (Grèce, Portugal, Espagne et Irlande). Il ne fait pas partie des fonds structurels proprement dits mais est utilisé dans la politique régionale. Par ailleurs, la majorité des crédits accordés par la Banque Européenne d'Investissement (BEI), créée par le Traité de Rome, contribue au développement des régions défavorisées.

La réforme de la politique régionale de 1988, connue aussi comme réforme des fonds structurels, a consisté à utiliser les différents fonds de manière coordonnée afin de poursuivre les objectifs de cette politique. Intervenant peu après l'entrée dans la Communauté des pays méditerranéens dont le niveau de développement était plus faible, la réforme s'est accompagnée d'un doublement des dépenses pour la période 1988-1993, suivi d'un nouveau doublement pour la période 1994-1999. Pour la période 2000-2006, le Conseil européen de Berlin a décidé que ces dépenses ne seraient pas augmentées, ce qui fait que les dépenses à l'intérieur des quinze États membres sont appelées à diminuer pour permettre de financer des projets dans les nouveaux États membres. Cette stabilisation budgétaire s'est accompagnée d'une simplification des procédures et d'une décentralisation laissant aux États la responsabilité de la gestion, afin de soulager la Commission de tâches de gestions qu'elle n'est pas toujours outillée pour accomplir de manière satisfaisante.

En très grande majorité (94 %) les actions financées par les fonds structurels proviennent de l'initiative des États membres. Ces actions doivent remplir plusieurs conditions et, tout d'abord, elles doivent entrer dans les objectifs des fonds structurels. A partir de l'année 2000 le nombre d'objectifs a été limité à trois, regroupant les sept qui existaient antérieurement :

• Objectif n° 1 : promouvoir le développement dans les régions dont le PIB par habitant est inférieur à 75 % de la moyenne communautaire (ce qui inclut notamment la totalité de la Grèce, du Portugal, de l'Irlande, de l'ancienne Allemagne de l'Est, la majeure partie de l'Espagne, le sud de l'Italie, le nord de l'Écosse), ainsi que dans les régions ultrapériphériques et les régions à très faible densité de population dans le nord de la Suède et de la Finlande. Ce premier objectif reçoit 69,7 % de la dotation des fonds structurels.

• Objectif n° 2 : soutenir la reconversion économique et sociale des zones en difficulté structurelle, qu'elles soient zones en déclin industriel, zones agricoles vulnérables, zones urbaines ou zones de pêche. Cet objectif reçoit 11,5 % des fonds structurels. Le nombre de ces zones a été réduit par rapport aux périodes antérieures.

• Objectif n° 3 : contribuer à l'adaptation et à la modernisation des politiques et des systèmes d'éducation, de formation et d'emploi. Cet objectif reçoit 12,3 % des fonds structurels.

En second lieu, pour être acceptés par la Commission, les projets présentés par les États membres doivent respecter les principes suivants : programmation pluriannuelle des actions aidées ; partenariat entre les niveaux local, régional, étatique et européen ; et additionnalité, ce qui signifie que les États doivent maintenir leur effort financier au côté de l'aide communautaire.

Une petite partie des fonds structurels (5 %) est utilisée pour des actions dont l'initiative revient à la Communauté. Celles-ci ont été limitées à trois domaines : la coopération transfrontalière et interrégionale (programme INTERREG), le développement local en milieu rural (programme LEADER) et l'égalité des chances (programme EQUAL). Le 1 % restant est utilisé pour des actions innovatrices.

Le fait que l'Union européenne ait comme partenaires des collectivités infranationales a amené certains observateurs à souligner le rôle des régions dans les politiques européennes et à évoquer l'affaiblissement des États nationaux qui pourrait en résulter. Les régions à forte revendication autonomiste, notamment en Espagne et en Belgique, souhaitent voir confirmer ce point de vue, mais il semble bien que, même lorsqu'il s'agit de la politique régionale, le rôle des gouvernements nationaux reste prédominant.

La politique régionale est la seule politique communautaire qui crée un véritable système de redistribution entre les États membres, avec pour objectif de diminuer les disparités de richesse entre les États et entre les régions. Il s'agit cependant là d'un système de redistribution fondamentalement différent des politiques nationales de redistribution, tant par son volume (les dépenses de protection sociale atteignent environ 28 % du PIB en moyenne dans l'Union européenne) que par son objectif : cette politique ne procure pas des bénéfices directs aux individus mais sert à des projets de développement.

Malgré son ampleur limitée, la politique régionale a constitué un apport non négligeable pour les pays les plus pauvres de l'Union (Espagne, Portugal, Grèce et Irlande) et elle a contribué à la diminution des écarts entre ces pays et les autres États membres. Aussi ces pays n'envisagent-ils pas sans inquiétude les effets des futurs élargissements sur la politique régionale. Une nouvelle catégorie d'États membres va apparaître dont le revenu par habitant sera très inférieur à la moyenne communautaire, tandis que le centre de gravité de la politique de cohésion va se déplacer vers l'est. La question est de savoir si un effort accru de solidarité, semblable à celui qui avait été consenti en 1988, sera accepté par les pays riches en dépit des difficultés économiques et budgétaires auxquelles ils ont à faire face. Les décisions budgétaires prises au Conseil européen de Berlin, en maintenant le volume global des fonds alloués à la politique régionale, allaient plutôt dans le sens d'un transfert opéré des bénéficiaires actuels vers les nouveaux États membres.

Il faut, en outre, préciser que les décisions concernant les fonds structurels, à l'exception des décisions d'application, sont prises à l'unanimité par le Conseil, sur proposition de la Commission et après avis conforme du Parlement. Le traité de Nice fait passer à la procédure de co-décision de l'article 251, mais seulement en 2007, soit après qu'auront été établies les prévisions financières pour les années 2007-2013. L'Espagne a imposé ce délai au Conseil européen de Nice afin de pouvoir mieux défendre ses intérêts et il est certain qu'un accord sur le financement de la politique régionale après 2007 sera particulièrement difficile à trouver dans ces conditions.

DU TRAVAILLEUR AU CITOYEN : LA SITUATION DES PERSONNES DANS L'UNION EUROPÉENNE

La principale différence entre une zone de libre échange ou une union douanière et un marché commun vient de ce que, dans celui-ci, la libre circulation implique également les personnes. Aussi, dès l'origine de la Communauté européenne, la libre circulation des personnes a fait partie des quatre libertés de circulation, aux côtés des marchandises, des services et des capitaux. Cependant, avec le temps, la libre circulation des personnes a acquis un contenu plus large : de droit des travailleurs réservé à ceux qui cherchaient un travail salarié ou indépendant dans un autre pays elle s'est transformée en un droit des citoyens de plus en plus ouvert à toutes les catégories de la population. Ainsi, au marché commun du travail, organisé dès l'origine, s'ajoute aujourd'hui ce qu'on appelle « l'espace de liberté, de sécurité et de justice » par lequel s'organise progressivement la libre circulation de toutes les personnes à l'intérieur du territoire de l'Union.

De fait, le droit de tout citoyen de l'Union de circuler et résider librement sur le territoire de tous les États membres constitue la principale innovation découlant de la citoyenneté européenne dont les principes ont été introduits dans le TCE par le Traité de Maastricht. Toutefois, de même que la citoyenneté de l'Union ne se substitue pas aux citoyennetés nationales, la définition de son territoire ne fait pas disparaître les territoires et les frontières des États nationaux.

Dans ce chapitre, nous traiterons en premier lieu du marché commun du travail, selon ses deux aspects : la libre circulation des travailleurs et la législation européenne sur leur protection. Nous traiterons ensuite de la mise en place de « l'espace de liberté, de sécurité et de justice ». Enfin, nous verrons en quoi consiste la citoyenneté européenne.

La libre circulation des personnes dans le marché commun

Le Traité de la Communauté européenne, dans le titre III consacré à la libre circulation des personnes, des services et des capitaux, traite en premier lieu des travailleurs entendus comme travailleurs salariés. Il interdit les discriminations contre les nationaux des autres États membres et garantit la possibilité de se déplacer dans un autre État pour chercher un emploi ainsi que d'y résider pendant ou après l'exercice d'une activité salariée. Ce droit a été réglementé en 1968 par un règlement et une directive qui prévoient, notamment, que le travailleur migrant recevra une carte de séjour en tant que national d'un autre État membre pour lui et les membres de sa famille.

Le Traité laisse ouverte la possibilité de limitations à ce droit justifiées par des raisons d'ordre public, de sécurité publique, de santé publique, mais ces limitations restent sous le contrôle des tribunaux et de la Cour de Justice. En outre, le Traité prévoit que le principe de libre circulation des travailleurs ne s'applique pas aux emplois de la fonction publique, mais la Cour de Justice a déterminé que cette disposition concerne uniquement les emplois liés à l'exercice de la puissance publique. En conséquence, les États ont dû ouvrir aux nationaux des autres États membres de vastes secteurs de leur fonction publique tels que l'éducation, la santé, les services postaux, etc.

En second lieu, le TCE interdit les restrictions à la liberté d'établissements des nationaux d'un État membre sur le territoire d'un autre État membre. Cette liberté concerne tant l'exercice d'activités non salariés que la constitution et la gestion d'entreprises. En ce qui concerne les professions réglementées (professions de santé, avocats, etc.), il a fallu instaurer une reconnaissance mutuelle des diplômes exigés pour les exercer, sur la base d'une harmonisation minimum.

Pour faciliter les migrations entre pays de l'Union il était indispensable de garantir le maintien des droits sociaux des migrants. Il fallut donc élaborer une législation communautaire qui permette le paiement au migrant, dans son pays de résidence, de toutes les prestations payées aux nationaux, et qui permette également de prendre en compte les droits acquis dans d'autres États membres pour le calcul des prestations, notamment pour les pensions de retraite. Ce processus a été particulièrement complexe en raison des fortes différences entre les systèmes nationaux de sécurité sociale, et il n'est d'ailleurs pas entièrement terminé.

Conformément aux théories qui fondent le marché commun, la libre circulation des personnes doit bénéficier autant aux travailleurs, qui trouvent ainsi la possibilité d'améliorer leurs conditions de vie et de travail et de faciliter leur promotion sociale, qu'aux entreprises qui recherchent de la main d'œuvre et ne la trouvent pas dans leur propre pays. La réalité, cependant, n'a pas complètement répondu à ces attentes et les migrations internes à l'Union, au lieu de croître vont en diminuant, demeurant bien en-dessous des migrations issues des pays tiers [1]. En effet, du fait du développement économique des pays d'Europe du Sud, les migrations de main d'œuvre peu qualifiées venant traditionnellement de ces pays en direction des autres États membres ont diminué et ont été remplacées par des immigrants venus de pays africains ou asiatiques plus pauvres. Cela n'empêche pas la mobilité entre les pays de l'Union de continuer à être une priorité, car les entreprises ont également besoin d'une main d'œuvre de plus en plus qualifiée qu'elles ont parfois du mal à trouver dans leur propre pays. Par ailleurs, dans la mesure où le marché européen se trouve de plus en plus unifié, notamment avec l'adoption de la monnaie unique, la mobilité des travailleurs devient plus nécessaire, notamment pour permettre d'atténuer les effets d'une éventuelle récession à l'intérieur d'un État membre.

Divers obstacles demeurent, liés aux différences culturelles et linguistiques, mais, pour les travailleurs plus qualifiés, les obstacles les plus importants concernent les différences entre les régimes fiscaux ou entre les régimes complémentaires de retraites, ainsi que les reconnaissances de diplômes et de qualifications professionnelles. Les autorités communautaires s'efforcent d'encourager et d'aider la mobilité aux moyens de diverses mesures. En 1994, a été lancé le réseau EURES (*European Employment Services*) pour améliorer la coopération entre les services publics de l'emploi et faciliter la recherche d'un emploi dans d'autres pays. Plus récemment, la Commission a élaboré un Plan d'action pour la mobilité et les compétences qui concerne tant la mobilité professionnelle que la

---

[1] *En 2000, seulement 225 000 citoyens européens ont migré dans un autre pays de l'Union et, au total, ils étaient 6 millions à habiter dans un autre pays de l'Union, soit 1,5 % de la population totale. Les étrangers issus de pays tiers sont au nombre d'environ 13 millions.*

mobilité géographique : il a été approuvé par le Conseil Européen de Barcelone, en mars 2002, ce qui devrait conduire à de nouvelles mesures en relation avec la politique de l'emploi.

Toutefois, en ce qui concerne la mobilité des travailleurs, l'incertitude majeure est liée aux futurs élargissements. Une part croissante de l'opinion publique en Europe occidentale se montre sensible aux questions d'immigration et est inquiète de la possibilité de migrations importantes en provenance d'Europe de l'Est. Indépendamment des mesures transitoires qui viendront retarder le moment où la libre circulation sera totalement admise pour les nationaux des nouveaux États membres, le succès des élargissements futurs va dépendre de la capacité de l'Union à favoriser le développement économique et la création d'emplois dans ces pays.

La protection des travailleurs

Ce qui est recherché, avec la libre circulation des travailleurs, c'est la création d'un véritable marché européen du travail. Afin d'éviter les distorsions de la concurrence sur ce marché, et bien que le droit du travail reste principalement de la compétence des États membres, la Communauté a commencé d'élaborer une législation dès les années 70. Mais la question se posait également de savoir jusqu'à quel point cette législation pouvait servir d'autres objectifs tels que la justice sociale et la protection des travailleurs. Les nombreuses tentatives de la Commission ont rencontré de fortes résistances, surtout de la part du Royaume-Uni sous les gouvernements conservateurs de Margaret Thatcher et John Major. Les bases actuelles d'un droit européen des relations professionnelles ont été posées par le Traité d'Amsterdam, mais les résultats restent limités et la légitimité de l'Union pour intervenir en ce domaine est bornée tant par les dispositions du TCE que par la volonté des États membres d'en garder le contrôle.

Dans les développements qui suivent, nous traitons uniquement de la politique communautaire concernant la réglementation du marché du travail qui, pendant longtemps, a constitué l'élément essentiel d'une politique sociale européenne. Il faut noter, cependant, qu'à partir des années 80 la politique sociale s'est élargie, incluant de nouveaux domaines tels que le chômage, l'exclusion sociale ou la modernisation de la protection sociale. Cela s'est traduit par des Programmes d'action sociale de plus en plus larges auxquels a fait suite l'Agenda social européen qui fixe les priorités pour cinq ans et a été adopté par le Conseil européen de Nice en décembre 2000. Les décisions relatives au droit du travail sont elles-mêmes de plus en plus liées à des préoccupations plus générales de caractère social et économique. En particulier, dans l'Agenda social, elles sont considérées comme un instrument pour développer un nouvel équilibre entre flexibilité et sécurité dans les formes de travail, équilibre jugé indispensable pour accompagner leurs transformations [2].

En ce qui concerne la régulation du marché du travail, l'article 137 TCE détermine les matières dans lesquelles la Communauté peut légiférer, distinguant entre celles sur lesquelles le Conseil délibère à la majorité qualifié et celles nécessitant l'unanimité [3]. La délibération à la majorité qualifiée, qui rend le processus décisionnel plus facile, concerne des questions de droit du travail sur lesquelles il existe déjà une abondante législation communautaire datant pour partie des années 70. Cela inclut la santé et la sécurité des travailleurs, les conditions de travail, l'information et la consultation des travailleurs, l'intégration des personnes exclues du marché du travail, ainsi que l'égalité entre hommes et femmes en ce qui concerne leurs chances sur le marché du travail et le traitement dans le travail.

Les questions sur lesquelles le Conseil délibère à l'unanimité incluent, entre autres, la sécurité sociale et la protection sociale des travailleurs, la protections des travailleurs en cas de résiliation du contrat de travail, la représentation et la défense collective des

---

[2] *On retrouve ici la difficulté de présentation des politiques européennes du fait de leurs interactions croissantes. On aurait pu concevoir un chapitre consacré à la politique sociale, suivant en cela le mode de présentation du TCE, mais cela amènerait à présenter ensemble des politiques qui obéissent à des logiques et des manières d'agir totalement différentes. Lorsqu'il s'agit des relations professionnelles et du droit du travail, l'action de l'Union suit une logique d'unification du marché : elle est principalement régulatrice et passe par des directives et des règlements et la compétence est partagée avec les États membres. En revanche, pour d'autres domaines de la politique sociale que nous verrons au chapitre suivant, l'Union coordonne des politiques dont la compétence reste aux États.*
[3] *Cet article, comme tous ceux du même chapitre, ont été inclus dans le TCE par le Traité d'Amsterdam car, lors de l'adoption du Traité de Maastricht et du fait du refus du gouvernement conservateur britannique, les mêmes dispositions n'avaient pu faire l'objet que d'un « Accord sur la politique sociale » annexé au TCE dont les mesures d'application n'étaient pas applicables au Royaume-Uni.*

intérêts des travailleurs et des employeurs, etc. Le même article précise les questions sur lesquelles la Communauté ne peut intervenir : rémunérations, droit syndical, droit de grève et droit de lock-out.

Dans tous ces domaines, la Communauté ne dispose jamais d'une compétence exclusive. Il convient de souligner que la diversité des systèmes nationaux de droit du travail constitue un obstacle pour une législation communautaire, étant donné qu'il existe de grandes variations d'un pays à l'autre sur l'importance respective de la législation et des négociations collectives ainsi que sur l'intensité de la régulation ou le pouvoir des syndicats. Face à cela la Commission cherche à agir au niveau européen non seulement par l'élaboration de normes selon les procédures habituelles mais également en promouvant le dialogue social entre représentants des employeurs et des travailleurs.

Les principaux domaines d'intervention

L'égalité entre hommes et femmes est la question sur laquelle la législation européenne sur les relations professionnelles, renforcée par la jurisprudence de la Cour de Justice, a obtenu ses meilleurs résultats. Elle a été mise en avant dès le début par le Traité de Rome avec comme point de départ l'égalité de rémunération dans le travail, ce qui a motivé plusieurs directives à partir des années 70. Le rôle de la Cour de Justice a également été déterminant, passant par d'importantes décisions qui ont explicité le concept d'égalité et qui l'ont appliqué à l'accès à l'emploi et à la sécurité sociale.

Depuis le Traité d'Amsterdam, l'article 137 TCE donne, comme on l'a vu, compétence à la communauté pour légiférer sur l'égalité entre hommes et femmes en ce qui concerne leurs chances sur le marché du travail et le traitement dans le travail, ouvrant la possibilité de nouvelles normes dans ce domaine. Mais le Traité d'Amsterdam a innové encore davantage, donnant une portée beaucoup plus large à l'égalité entre hommes et femmes et en l'introduisant parmi les missions de la Communauté énumérées à l'article 2 TCE. L'article 3, pour sa part, détermine que, pour toutes les actions qu'elle mène, la Communauté « cherche à éliminer les inégalités, et à promouvoir l'égalité, entre les hommes et les femmes ». Enfin, le nouvel article 13 ouvre la possibilité de « prendre les mesures nécessaires en vue de combattre toute discrimination fondée sur le sexe, la race ou l'origine ethnique, la religion ou les convictions, un handicap, l'âge ou l'orientation sexuelle ». Ainsi donc, si la promotion de l'égalité entre hommes et femmes dans l'activité professionnelle reste un objectif important au travers de l'amélioration des normes existantes, la politique de l'Union pour promouvoir l'égalité va désormais bien au-delà.

La protection de la santé et de la sécurité des travailleurs est également un domaine dans lequel la Communauté a commencé à intervenir dès les années 70. De nombreuses mesures ont été prises, soit de portée générale, soit concernant des types déterminés d'activités ou de risques, telle l'exposition à des agents chimiques. En 1994, fut créée l'Agence européenne pour la santé et la sécurité au travail, installée à Bilbao, dont les principales missions sont la recherche et la diffusion d'informations techniques, économiques et scientifiques sur la santé et la sécurité au travail, ainsi que la promotion et le soutien d'échanges d'informations et d'expériences entre États membres.

En ce qui concerne *les conditions de travail*, on trouve des directives déjà anciennes qui protègent les travailleurs dans les cas de transfert d'entreprise et d'insolvabilité de l'employeur. On trouve également des directives plus récentes relatives au travail temporaire, à la protection des femmes enceintes et des jeunes dans le travail, à l'organisation du temps de travail, à l'obligation pour l'employeur d'informer les travailleurs sur les conditions applicables au contrat de travail, etc. Actuellement, les efforts de la Commission, bien explicités dans l'Agenda social, visent à adapter ces réglementations à la recherche d'un nouvel équilibre entre flexibilité du travail et sécurité de l'emploi.

La question de l'information et de la consultation des travailleurs par les employeurs se trouvait déjà dans des directives anciennes comme celle sur les licenciements collectifs. Elle a pris davantage d'importance ces dernières années en relation avec la question de la flexibilité et de la sécurité de l'emploi. Une directive, adoptée en 2002, établit un cadre général définissant des exigences minimum sur le droit à l'information et à la consultation des travailleurs dans les entreprises ou établissements situés dans la Communauté. Une autre directive datant de 1994 avait auparavant décidé l'institution d'un « comité d'entreprise européen » ou, à défaut, d'un processus d'information et de consultation des travailleurs, dans toutes les entreprises ou groupes d'entreprises de dimension communautaire, c'est-à-dire dans les entreprises ou groupes d'entreprises employant au moins 1 000 personnes dans au moins deux États membres. Ce qui est intéressant dans cette dernière formule ce n'est pas seulement l'obligation faite aux dirigeants d'informer et consulter, mais également la possibilité donnée à des syndicats de pays différents de travailler et négocier ensemble en dépit des grandes différences entre les systèmes syndicaux des États européens [4].

Le dialogue social

Des organisations sectorielles représentant au niveau européen les syndicats et les associations nationales de travailleurs et d'employeurs interviennent dans le processus décisionnel. Mais il existe également des organisations à vocation générale qui sont, pour les syndicats de travailleurs, la CES (Confédération Européenne des Syndicats) réunissant plus de 60 confédérations nationales, y compris de pays qui ne font pas partie de l'Union européenne ; et, pour les employeurs, l'UNICE (Union des Confédérations de l'Industrie et des Employeurs d'Europe) dans le secteur privé, et le CEEP (Centre Européen des Entreprises à Participation Publique) dans le secteur public.

A partir des années 80, la Commission s'est efforcée d'associer ces partenaires sociaux à l'élaboration des politiques européennes. Les Traités de Maastricht et d'Amsterdam ont officialisé ce rôle, prévoyant notamment que « le dialogue entre partenaires sociaux au niveau communautaire peut conduire, si ces derniers le souhaitent, à des relations conventionnelles, y compris des accords » (art. 139 TCE). La mise en œuvre de ces accords peut intervenir selon les procédures et pratiques propres aux partenaires sociaux et aux États membres. Mais les partenaires sociaux ayant signé l'accord peuvent également demander que le Conseil, sur proposition de la Commission, adopte une décision l'incluant dans le droit communautaire dès lors qu'il entre dans le champ des compétences de la Communauté. Une nouvelle procédure pour la création de normes communautaires a ainsi été créé dans le champ du droit social. Il convient cependant de préciser que l'UNICE a manifesté une certaine résistance à ce

---

[4] *Signalons que le projet de statut d'une société européenne, applicable à des sociétés à statut commercial ou autre intervenant dans plusieurs États membres, a été bloqué pendant de nombreuses années en raison d'un désaccord au sein du Conseil sur la participation des travailleurs dans son fonctionnement. Un accord a finalement été trouvé lors du Conseil européen de Nice qui devrait permettre l'adoption de ce statut.*

nouveau type d'accords. Les rares qui ont été signés et confirmés par le Conseil concernent le congé parental, le travail à temps partiel et les contrats à durée déterminée.

Pour conclure, on remarquera que la régulation du marché du travail ne s'est pas développée avec la même intensité que celle du marché des marchandises, des services ou des capitaux. La législation européenne n'a pas apporté beaucoup de nouveautés pour les pays qui possédaient déjà une législation du travail assurant une bonne protection aux travailleurs. Cependant il convient de ne pas sous-estimer l'acquis communautaire dans ce domaine dans la mesure où il a permis certains progrès dans des pays où cette protection était moindre et, en ce qui concerne les États candidats à l'entrée dans l'Union, il donne la garantie qu'ils auront le même niveau de protection. De manière plus général, cet acquis communautaire assure la préservation du « modèle social européen » face aux tentations de dumping social qui pourraient surgir d'une libéralisation excessive [5].

« *Un espace de liberté, de sécurité et de justice* »

Une nouvelle étape dans la libre circulation des personnes a été ouverte par le Traité de Maastricht qui a ajouté au TCE une seconde partie sur la citoyenneté de l'Union. Il y est dit que « tout citoyen de l'Union a le droit de circuler et de séjourner librement sur le territoire des États membres » moyennant certaines limitations résultant du traité ou des dispositions prises pour son application. Ce droit n'est donc plus lié à un activité économique, comme précédemment, mais devient un droit de citoyenneté.

La suppression des contrôles sur la circulation des personnes entre les États membres implique un système commun de contrôle des frontières extérieures de l'Union et de lutte contre la criminalité. Il revint finalement au Traité d'Amsterdam d'établir les bases juridiques actuelles de l'action communautaire en ce domaine, en ajoutant

---

[5] *Une Charte communautaire des droits fondamentaux des travailleurs a été adoptée en 1989, mais, à cette époque, sans le consentement du Royaume-Uni et sans qu'elle ait force juridique. Ce n'est qu'à partir du Traité d'Amsterdam que le TCE y a fait référence.*

à l'article 2 du Traité de l'Union Européenne un nouvel objectif ainsi défini : « maintenir et développer l'Union en tant qu'espace de liberté, de sécurité et de justice, au sein duquel est assurée la libre circulation des personnes, en liaison avec des mesures appropriées en matière de contrôle des frontières extérieures, d'asile, d'immigration ainsi que de prévention de la criminalité et de lutte contre ce phénomène ».

Pour cela, le Traité d'Amsterdam a élargi et précisé les deux volets de cette politique définis désormais l'un par le TCE, l'autre par le TUE. D'une part, il a ajouté au TCE un titre IV intitulé « Visas, asile, immigration et autres politiques liées à la libre circulation des personnes » ; et, d'autre part, il a modifié le titre VI du TUE, intitulé désormais « Dispositions relatives à la coopération policière et judiciaire en matière pénale » et qui constitue le troisième pilier de l'Union. Telles sont les bases de la politique actuelle visant à créer « l'espace de liberté, de sécurité et de justice ».

La finalité de ces dispositions est d'établir, dans un délai de cinq ans, la libre circulation des personnes sur le territoires de l'Union, qu'il s'agisse de citoyens de l'Union ou de nationaux de pays tiers, et de garantir en même temps la sécurité de tous en combattant le terrorisme et toutes les formes de criminalité organisée (trafic d'êtres humains, exploitation sexuelle des enfants, trafics de drogue, d'armes ou d'automobiles, corruption, fraude...). La même année où entrait en vigueur le Traité d'Amsterdam, le Conseil européen, dans sa réunion de Tampere de 1999, définissait les mesures à développer dans ce cadre. Il s'agit donc d'un processus en cours : la majorité des mesures prévues est encore en préparation, souvent avec des retards sur le calendrier établi. Les difficultés rencontrées n'ont cependant rien pour étonner quand on sait qu'il s'agit là de sujets politiquement très sensibles et liés aux aspects fondamentaux de la souveraineté.

Plusieurs éléments de cette politique prennent la suite de politiques déjà existantes, certaines depuis les années 70 (par exemple, la lutte contre le trafic de drogue et le terrorisme dans ce qui fut appelé le « groupe de Trevi »). Il en résulte une grande complexité juridique sur laquelle il convient de donner quelques précisions, tant la terminologie utilisée dans ces domaines est devenue confuse.

Dans les années 80, les premières discussions sur la libre circulation des personnes se heurtèrent à de fortes résistances. La France, l'Allemagne et les pays du Benelux décidèrent alors d'agir hors du cadre juridique communautaire en signant, en 1985, l'Accord de Schengen. Celui-ci prévoyait la libre circulation de tous ceux qui résidaient ou voyageaient sur leurs territoires moyennant la suppression progressive des contrôles à leurs frontières communes. Toutefois, en raison de divergences, cet accord ne fut concrétisé qu'en 1990 par la Convention d'application de l'accord de Schengen, qui entra elle-même en application en 1995. Les autres États membres de l'Union ont adhéré à cette convention, à l'exception du Royaume-Uni et de l'Irlande [6] et avec des restrictions de la part du Danemark. Cette convention avait créé un Comité exécutif chargé de prendre des décisions pour son application.

Finalement l'ensemble formé par les conventions et les décisions résultant de l'accord de Schengen, appelé dorénavant « acquis de Schengen » a été intégré au droit de l'Union européenne par un protocole annexe au Traité d'Amsterdam. Il est donc passé du statut de convention internationale entre États à celui de coopération renforcée [7] entre les 13 États membres qui y ont adhéré [8].

Une complication supplémentaire provient du fait que les dispositions de l'acquis de Schengen peuvent, selon la matière traitée, s'inscrire soit dans le cadre du titre VI du Traité de l'Union européenne, soit dans celui du titre IV du Traité de la Communauté européenne. Dans un cas ou dans l'autre, les procédures décisionnelles ne sont pas les mêmes et il convient donc d'apporter quelques précisions sur ces procédures.

Les procédures décisionnelles

Les matières concernant l'espace de liberté, de sécurité et de justice, que par commodité l'on continue d'appeler Justice et Affaires Intérieures (JAI), présentent, en effet, certaines particularités puisqu'au moins jusqu'à 2004, le Conseil européen et le Conseil

---

[6] *L'Irlande avait passé un accord avec le Royaume Uni supprimant les contrôles aux frontières ce qui l'a obligée à suivre celui-ci dans son refus d'adhérer à la Convention.*
[7] *La coopération renforcée est un dispositif qui permet à au moins huit États membres et sous certaines conditions d'aller plus loin que ce qui a été établi dans les politiques de l'Union, tout en restant dans le cadre institutionnel de celle-ci.*
[8] *En raison des accords de libre circulation existant entre les pays scandinaves à l'intérieur de l'Union Nordique de Passeports, la Norvège et l'Islande sont associées au système de Schengen.*

conservent un rôle prédominant par rapport à la Commission et au Parlement. Quant à la Cour de Justice, ses compétences dans ce domaine ont été sérieusement limitées.

En ce qui concerne les matières incluses dans le titre VI du TUE, le droit d'initiative est partagé entre les États membres et la Commission. Le Conseil délibère, en principe, à l'unanimité et le Parlement intervient de manière consultative. Une des principales différences avec les matières régies par le TCE réside dans les instruments juridiques, qui sont spécifiques : ils incluent des positions communes, des décisions-cadre (proches des directives du droit communautaire), des conventions, ainsi que divers instruments sans effets juridiques tels que les résolutions, les recommandations, les déclarations, les conclusions, etc.

Toutefois, pour certaines des questions qui avaient été incluses dans le titre VI du TUE par le Traité de Maastricht, les différences de procédure avec des matières voisines ou connexes relevant du Traité de la Communauté posaient de réels problèmes. Le Traité d'Amsterdam a donc fait passer dans le TCE tout ce qui concernait les visas, l'asile, l'immigration et les autres politiques liées à la libre circulation des personnes. Cela fut considéré comme une « communautarisation » de la plus grande partie du troisième pilier, qui se réduit désormais à la coopération en matière de police et de justice pénale.

Ce nouveau domaine du TCE conserve lui-même des caractéristiques particulières durant les cinq années suivant l'entrée en vigueur du Traité d'Amsterdam, c'est-à-dire jusqu'en 2004, dérogeant ainsi aux principes de la méthode communautaire. Pendant cette période transitoire, la Commission partage son droit d'initiative avec les État membres, les décisions du Conseil sont prises à l'unanimité et le Parlement n'a qu'un pouvoir consultatif. Passé ce délai de cinq ans, le Conseil décidera sur proposition de la Commission qui retrouvera alors son monopole d'initiative. Ces précautions procédurales montrent bien les réticences des États à abandonner leurs prérogatives et les obstacles qu'ils dressent à l'action communautaire, en contradiction avec la volonté affirmée par le Conseil européen d'accélérer la réalisation de l'espace de liberté, de sécurité et de justice.

Nous allons voir maintenant en quoi consistent les deux volets de cette politique, l'un contenu dans le TCE sur la libre circulation, les visas, l'asile et la politique d'immigration, l'autre dans le TUE sur la coopération en matière de police et de justice pénale.

Libre circulation, visas, asile, politique d'immigration

Nous avons vu que la libre circulation des personnes dans le marché commun concernait les travailleurs salariés ou indépendants. Le droit de libre circulation et de résidence s'étend maintenant à tous les citoyens de l'Union, mais n'exclut pas certaines formalités et certaines restrictions. Pour un séjour de plus de trois mois, il est nécessaire d'obtenir une carte de séjour que l'État d'accueil a l'obligation de délivrer, sous réserve de quelques exceptions contrôlées par les tribunaux nationaux et la Cour de Justice et liées, notamment, à des conditions de ressources ainsi qu'à des considérations d'ordre public, de sécurité publique ou de santé publique. En outre, les formalités pour le déplacement d'un pays à l'autre ont été progressivement simplifiées.

L'aspect le plus spectaculaire de cette simplification a été la suppression des contrôles aux frontières intérieures de « l'espace Schengen », constitué par les pays ayant adhéré à l'acquis de Schengen. Toutefois, les nationaux d'États tiers qui circulent entre les pays de l'espace Schengen doivent déclarer leur entrée.

La suppression des contrôles aux frontières intérieures a pour conséquence que les contrôles sont désormais opérés aux frontières externes, chaque État agissant alors pour le compte de tous les autres. Cela implique un renforcement et une coordination des contrôles externes, passant par une coopération et des échanges entre les différents services nationaux. A plus long terme un projet est à l'étude visant à créer une unité européenne de contrôle des frontières qui, sans se substituer aux polices nationales, pourrait leur apporter son appui.

La suppression des contrôles aux frontières intérieures entraîne également plusieurs conséquences en matière de visas, d'immigration et d'asile.

Visas

Il est, en effet nécessaire d'harmoniser les conditions d'entrée des voyageurs venant de pays tiers. Les États du système Schengen ont établi la liste des États dont les nationaux ont besoin d'un visa y compris pour les voyages touristiques, ainsi qu'un modèle uniforme de visa. L'objectif est de renforcer la coopération consulaire jusqu'à arriver à des visas et des services consulaires communs.

Immigration

La réglementation de l'immigration reste principalement de la compétence des États, ce qui signifie qu'un travailleur originaire d'un pays tiers et légalement établi dans un pays de l'Union n'en possède pas pour autant le droit de travailler ou même de circuler librement dans les autres pays. L'extension du droit de libre circulation aux travailleurs étrangers en situation légale est en discussion et devrait recevoir une solution dans les prochaines années. Elle suscite néanmoins de vives résistances en raison des liens privilégiés que certains États membres conservent avec leurs anciennes colonies et de la grande sensibilité des opinions publiques sur l'immigration issue d'Afrique ou d'Asie. La montée de l'extrême-droite dans certains pays européens dénote une méfiance croissante, de sorte que chaque État a tendance aujourd'hui à résoudre le problème à sa manière.

Les États de l'Union tentent néanmoins de rapprocher leurs points de vue sur la politique d'immigration, notamment en procédant à une information réciproque. Des directives sont en cours d'adoption, qui concernent le regroupement familial et le statut des immigrants. Par ailleurs, le combat contre le racisme et la xénophobie fait partie des matières incluses dans le titre VI du Traité de l'Union.

Un autre aspect fondamental de la coopération relative à l'immigration concerne l'immigration illégale. Les contrôles aux frontières externes pour empêcher l'entrée des immigrants illégaux sont difficiles, surtout dans les pays bordant la Méditerranée, tandis que la suppression des contrôles aux frontières intérieures facilite leur dissémination dans les autres pays de l'Union. La question des immigrants illégaux et de leur expulsion est particulièrement sensible au plan politique, ce qui explique à la fois la volonté et la difficulté de mener une action commune dans ce domaine. Une coopération opérationnelle a commencé d'être mise en place et des directives sont en préparation qui portent sur la répression de l'aide à l'entrée et au séjour des immigrants illégaux, considérée aujourd'hui comme une forme du crime organisé. L'Union recherche également une coopération avec les États dont proviennent les immigrants pour réguler les flux migratoires et prévoir la réadmission obligatoire des immigrants illégaux, mais de tels accords n'ont de sens que dans une politique plus large de coopération au développement.

Asile

Une politique commune en matière d'asile est devenue d'autant plus nécessaire que le nombre de réfugiés va en s'accroissant, provenant notamment de l'ex-Yougoslavie, de l'Afghanistan, de l'Irak, etc. La tendance des États membres au cours de ces dernières années a été, tout en respectant les conventions internationales, de durcir les législations nationales, ce qui rend plus difficile la coopération au niveau européen. Une autre difficulté tient au fait que l'augmentation du nombre de demandeurs d'asile procède également de raisons économiques et non plus seulement politiques.

La Convention de Dublin, entrée en vigueur en 1997, précise quel est l'État responsable pour l'analyse de la demande d'asile, afin d'éviter qu'une même personne dont la demande a été refusée dans un pays en dépose une nouvelle dans un autre, ou que les demandes soient faites en majeure partie dans un même pays. Diverses mesures sur les procédures d'asile et sur les conditions d'accueil des réfugiés et des demandeurs d'asile ont été prises ou sont en préparation. Il existe également une base de données, appelée Eurodac, pour l'identification des demandeurs d'asile et des immigrants illégaux.

Au vu de toutes les dispositions relatives à la libre circulation des personnes, on peut conclure que l'espace de l'Union européenne n'est pas encore un espace sans frontières, mais qu'il serait plus exact de le décrire comme un espace dans lequel les contrôles aux frontières intérieures ont été substantiellement réduits. Des restrictions persistent qui n'existent pas à l'intérieur d'un État : ainsi, les immigrants légaux ne bénéficient pas des mêmes droits que les citoyens de l'Union pour se déplacer sur le territoire de l'Union, et les États membres conservent le droit de rétablir les contrôles en cas de menace à l'ordre public. En outre, l'espace Schengen ne coïncide pas totalement avec le territoire de l'Union puisque le Royaume-Uni et l'Irlande n'en font pas partie. Néanmoins, les progrès réalisés dans le sens de l'unification du territoire manifestent, en dépit des résistances des États membres, le caractère difficilement réversible de ce qui a déjà été obtenu.

La coopération dans le domaine de la police et de la justice pénale

La liberté de circulation et, plus encore, la suppression des contrôles aux frontières intérieures exigent une large coopération en matière de police et de justice pénale, objet du titre VI du TUE. Les attentats du 11 septembre 2001 aux États-Unis ont donné l'occasion au Conseil européen de réaffirmer sa volonté de promouvoir cette coopération dont les principes avaient été posés lors de sa réunion de Tampere, en 1999.

Afin de faciliter la coopération dans le domaine de la police, le Service européen de police, plus connu sous le nom d'Europol, a été créé par une convention de 1995. Ayant commencé à fonctionner en 1999, il fournit des services pour l'échange d'analyses et d'informations, ainsi que pour la coopération opérationnelle. A partir de 2002, des équipes conjointes de recherche, réunissant des policiers de plusieurs pays, ont commencé à fonctionner. La coopération passe également par la « Task force des chefs de police », qui réunit régulièrement les chefs des polices nationales, et par le Collège européen de police.

A l'intérieur de la coopération Schengen a été créé le Système d'Information Schengen (SIS) qui en est un élément central. Il consiste en un réseau informatisé permettant à tous les postes de police et agents consulaires des États membres du système Schengen de disposer de données sur les personnes, objets ou véhicules recherchés. Les États membres alimentent le SIS par l'intermédiaire de réseaux nationaux (N-SIS) liés à un système national.

La coopération en matière de justice pénale passe notamment par des mesures de reconnaissance mutuelle des décisions judiciaires, ce qui ne va pas sans résistances car chaque État souhaite vérifier le respect des droits fondamentaux dans les procédures pénales. Cette difficulté pourrait cependant être surmontée par l'adoption de standards minimaux. Une autre condition pour la reconnaissance mutuelle réside dans un rapprochement des inculpations et des sanctions pénales, ce qui constitue également un processus lent et difficile concernant les domaines du crime organisé, du terrorisme et du trafic de drogue. Il existe également des directives ou projets de directives sur le blanchissage d'argent, la lutte contre le trafic d'êtres humains et la pédophilie.

Du fait de la suppression des contrôles aux frontières intérieures, il fallait empêcher que les criminels soient protégés par des procédures lentes et complexes d'extradition. Des conventions entre les États membres ont mis en place un système d'extradition plus rapide et une meilleure transmission des jugements répressifs. Cependant, l'exigence de l'extradition continue à rendre plus difficile la répression des crimes de sorte qu'à la suite des attentats du 11 septembre 2001 une décision-cadre du Conseil a mis en place un mandat d'arrêt européen qui supprimera cette exigence.

Pour faciliter la coopération en matière de justice pénale il a été créé un organe appelé Eurojust, réunissant des juges et des procureurs des États membres.

Pour terminer sur ce domaine, il faut en signaler la dimension internationale. Tant les politiques sur l'immigration que la lutte contre la criminalité organisée ou le terrorisme passent par des consultations et des négociations avec les pays tiers. Des discussions ou des actions communes ont déjà été engagées avec différents partenaires stratégiques, comme les États des Balkans et du bassin méditerranéen, la Russie, l'Ukraine, etc.

La citoyenneté de l'Union

Faire passer la liberté de circulation d'un droit des travailleurs à un droit des citoyens de l'Union suppose que cette citoyenneté soit définie. Le Traité de Maastricht a incorporé au Traité de la Communauté européenne une nouvelle seconde partie consacrée à la citoyenneté, qui la définit de la manière suivante : « Il est institué une citoyenneté de l'Union. Est citoyen de l'Union toute personne ayant la nationalité d'un État membre. La citoyenneté de l'Union complète la citoyenneté nationale et ne la remplace pas » (art. 17 TCE).

Jusqu'à présent cette citoyenneté vaut plus comme symbole que par les droits qui en découlent. Il s'agissait, par cette reconnaissance, d'aller vers un meilleur équilibre entre les droits étendus dont jouissent les habitants de l'Union en tant que consommateurs et les droits qui permettent de les reconnaître comme citoyens. Force est de reconnaître que les droits énumérés dans la seconde partie du TCE ne sont qu'une ébauche dans l'attente d'une plus grande intégration politique qui donnerait à la citoyenneté de l'Union un véritable contenu.

Le premier droit politique du citoyen est la faculté de participer, par le vote, à la désignation de ses représentants. Les citoyens des États membres étaient déjà électeurs et éligibles au Parlement européen ; désormais, en qualité de citoyens européens, ils peuvent exercer ce droit dans l'État membre de leur résidence même s'ils n'en ont pas la nationalité. Ils sont également électeurs et éligibles aux élections municipales de leur État de résidence.

Le droit le plus substantiel lié à la citoyenneté européenne est, comme on l'a vu, celui de circuler et résider librement sur le territoire de tous les États membres, même si ce droit ne s'est pas encore complètement concrétisé dans la législation européenne. D'autres droits concernent la protection diplomatique dans les pays tiers, qui peut être exercée par les autorités diplomatiques et consulaires de n'importe quel État membre, ainsi que le droit de pétition au Parlement européen.

Le traité de la Communauté a également institué un Médiateur qui est nommé par le Parlement européen. Tout citoyen de l'Union ou toute personne individuelle ou collective ayant sa résidence ou son siège dans un État membre peut lui présenter une plainte relative à un cas de mauvaise administration dans l'action des institutions ou organes communautaires (art. 195 TCE).

Comme on peut le voir, ces droits, à l'exception peut-être de la libre circulation, n'ont guère apporté d'innovation, et la mention de l'Union européenne sur les passeports est moins efficace que l'euro comme symbole du rattachement à l'Union. Il serait cependant erroné de penser que cette reconnaissance de citoyenneté était inutile. Il faut en effet considérer que la construction européenne se fait de manière progressive. Ainsi, le fait que cette citoyenneté existe permet de mettre son élargissement au centre des discussions sur les réformes institutionnelles, dans la perspective de renforcer le lien entre les citoyens et les institutions qui le représentent au niveau européen, sans plus avoir à discuter de problèmes théoriques déjà résolus quant à la relation entre citoyenneté de l'Union et citoyenneté nationale [9].

---

[9] *On peut également considérer comme une avancée de la citoyenneté européenne la proclamation, lors du Conseil européen de Nice de décembre 2000, de la Charte des droits fondamentaux de l'Union européenne. Cette charte ne comporte pas l'énoncé de droits nouveaux par rapport à ceux déjà reconnus par les Traités et par les textes auxquels ils font référence, notamment la Convention européenne des droits de l'homme, mais elle en assure une meilleure visibilité.*

LA COORDINATION DES POLITIQUES ÉCONOMIQUES ET SOCIALES DES ÉTATS MEMBRES

Globalement, les politiques européennes que nous avons présentées jusqu'à maintenant sont liées à l'établissement du marché commun, soit de manière « négative », en éliminant les obstacles à la libre circulation des marchandises, des services, des capitaux et des personnes, soit de manière « positive », par l'imposition de nouvelles règles pour réguler le marché. C'est pour mener ces politiques que les États membres ont transféré le maximum de compétences et c'est à leur propos qu'on peut observer un fonctionnement supranational. Il s'agit de politiques régulatrices dont les principaux instruments sont des normes juridiques dont le caractère obligatoire peut être sanctionné par la Cour de Justice et la Commission. Parmi elles se rencontrent également des politiques distributives ou redistributives qui absorbent la majeure partie du budget communautaire.

Les autres politiques, non liées à l'unification du marché ou à la circulation des personnes, restent entièrement de la compétence des États membres. Cependant, à mesure que progressait l'unification du marché européen, les États membres se sont mis d'accord pour que l'Union intervienne également dans ces politiques, mais de manière moins contraignante. Avec l'Acte unique et les traités qui l'ont suivi, de nouveaux chapitres ont été ajoutés à la troisième partie du Traité de la Communauté européenne traitant des politiques européennes : ils concernent notamment la politique économique, l'emploi, la politique sociale, l'éducation, la culture, la santé publique et la recherche. Pour ces politiques le rôle accordé à l'Union est principalement de coordination et elles ont un caractère intergouvernemental plus accentué.

La modification la plus notable introduite dans la conduite des politiques européennes fut décidée lors de la réunion du Conseil européen de Lisbonne, en mars 2000. A cette occasion, le Conseil européen, sans modifier les procédures de régulation ou de coordination déjà existantes, a décidé d'orienter toutes les politiques communautaires à partir d'un nouvel objectif stratégique particulièrement ambitieux pour l'Union européenne : devenir d'ici 2010 l'espace économique le plus dynamique et le plus compétitif du monde, fondé sur la connaissance et capable de garantir une croissance économique durable, avec des emplois meilleurs et plus nombreux et une plus grande cohésion sociale.

Depuis lors, le Conseil européen, dans sa réunion annuelle de printemps, détermine les orientations de l'Union en conformité avec cet objectif, sur la base de rapports élaborés par la Commission et le Conseil. Cela implique une articulation et une coordination entre les politiques économiques, sociales, d'environnement, de recherche et d'éducation. Cette manière de procéder est désignée sous le nom de « processus de Lisbonne »[1]. Bien qu'il concerne également les politiques présentées dans les chapitres antérieurs, ses conséquences sont plus marquées dans les politiques visant une coordination des politiques nationales. Les instruments utilisés pour mettre en œuvre ces processus de coordination ont été présentés à la fin du deuxième chapitre. Certains mettent en œuvre des procédures complexes comme la méthode ouverte de coordination ou l'approche intégrée des politiques (cf. p. 48).

Dans ce chapitre, nous verrons successivement la coordination des politiques économiques et de l'emploi, puis la stratégie concertée pour moderniser la protection sociale et, enfin, les processus de coordination destinés à établir « l'espace européen de la connaissance » et « la société de l'information ». Nous laisserons de côté d'autres domaines dans lesquels l'Union joue un rôle de coordination (santé publique, culture, jeunesse...) mais qui sont moins affectés par le processus de Lisbonne.

La coordination des politiques économiques et de l'emploi

La politique économique et la politique de l'emploi de l'Union consistent en une coordination des politiques nationales, considérées par le TCE comme étant d'intérêt commun. Les modalités de coordination pour la politique économique ont été incluses dans le TCE par le Traité de Maastricht ; pour la politique de l'emploi, elles

---

[1] *Il est habituel d'appeler le processus selon lequel est conduite une politique par le nom de la réunion du Conseil européen où il est adopté : processus de Luxembourg pour la politique en faveur de l'emploi, processus de Cologne pour la coordination des politiques économiques, processus de Cardiff pour les réformes structurelles, etc.*

ont été ajoutées par le Traité d'Amsterdam en suivant le même modèle.

La procédure est la suivante. La Commission et le Conseil élaborent chaque année un rapport et des propositions qui sont soumises au Conseil européen. Sur la base des conclusions de celui-ci, le Conseil [2], délibérant à la majorité qualifiée, détermine les orientations qui devront être suivies par les États membres. L'année suivante, à partir des informations transmises par les États et des analyses faites par la Commission, le Conseil procède à une évaluation des politiques nationales, permettant ainsi une surveillance mutuelle de la manière dont les orientations ont été appliquées. Cet examen peut amener le Conseil à faire des recommandations à un État membre dans le cas où sa politique ne respecte pas les orientations, et sert également pour élaborer de nouvelles orientations.

Ce processus, à la différence de ce que nous avons vu dans les chapitres antérieurs, ne crée pas d'obligation juridique pour les États membres. Il produit néanmoins des effets du fait que chaque gouvernement doit présenter et justifier ses politiques en les confrontant avec les objectifs souhaitables déterminés en commun, et est ainsi soumis publiquement au jugement des autres gouvernements et de la Commission. Cette méthode, comme la méthode ouverte de coordination qui s'en est inspirée, produit également un effet d'apprentissage commun pour les hommes politiques et les hauts fonctionnaires qui y participent et est un facteur puissant de rapprochement dans la manière de poser les problèmes et de définir les solutions.

En plus de suivre des procédures similaires, la politique économique et la politique de l'emploi sont étroitement liées, le Traité prévoyant que les politiques nationales de l'emploi doivent être cohérentes avec les grandes orientations des politiques économiques.

---

[2] *Dans la formation du Conseil « Questions économiques et financières » (ECOFIN) pour ce qui concerne les Orientations générales des politiques économiques, et dans la formation « Emploi et politique sociale » pour ce qui concerne les Orientations pour l'emploi.*

La politique économique

En conformité avec les objectifs du processus de Lisbonne, les grandes orientations des politiques économiques s'étendent à un nombre croissant de questions et contiennent des recommandations relatives à de nombreuses politiques, telles que l'emploi et le marché du travail, les réformes structurelles sur le marché des marchandises, des services et des capitaux, la recherche et « l'économie de la connaissance », etc. Elles donnent également une priorité croissante au caractère durable du développement.

L'élément central en est cependant l'équilibre des finances publiques, ce qui, outre l'équilibre budgétaire, concerne également leur qualité et leur durabilité à long terme. En ce qui concerne la durabilité, la principale préoccupation concerne le vieillissement de la population et ses conséquences sur les dépenses de santé et les systèmes de retraite. La stratégie pour affronter cette situation est fondée sur une réduction de la dette publique, une augmentation du taux d'emploi et une réforme des systèmes de retraite (cf. p. 114).

Ces grandes orientations s'accompagnent d'une analyse de la situation économique dans chaque État membre et de recommandations pour chacun d'eux. Conformément au TCE, il incombe également au Conseil, sur la base des rapports présentés par la Commission, d'accompagner l'évolution économique dans chaque État membre et vérifier la compatibilité des politiques économiques nationales avec les orientations générales.

Le Traité n'a pas prévu de disposition particulière pour les pays ayant adopté l'euro. Toutes les décisions concernant la coordination des politiques économiques, y compris dans la zone euro, sont prises par le Conseil, dans sa formation ECOFIN et les ministres de la zone euro se réunissent dans une structure purement informelle, l'Eurogroupe, pour débattre des questions qui leur sont spécifiques, sans pouvoir y prendre aucune décision.

Pourtant, la coordination des politiques économiques des pays de la zone euro est plus nécessaire et doit aller plus loin, dès lors que ces pays ne peuvent plus utiliser l'instrument de la politique monétaire, dont la responsabilité a été transférée à la Banque centrale européenne, et qu'en conséquence ils doivent suivre une discipline budgétaire plus stricte. En 1997, ils ont adopté le Pacte de stabilité et de croissance qui fixe les nouvelles règles du jeu en ce qui concerne notamment les marges de déficit budgétaire et d'endettement public à ne pas dépasser. Des variations conjoncturelles sont tolérées (ce qu'on appelle les « stabilisateurs automatiques ») mais, même ainsi, les déficits doivent rester dans la limite de 3 % du PIB et l'endettement public dans la limite de 60 % du PIB. L'équilibre budgétaire devait être atteint en 2004, mais compte tenu des difficultés rencontrées par certains États, dont la France et l'Allemagne, cette échéance est pour le moment repoussée à 2006.

Dans son article 104, le TCE a prévu une procédure complexe permettant de surveiller les déficits jugés excessifs des budgets des États membres, pouvant aller jusqu'à des recommandations et des mesures de contrainte imposées par le Conseil. Cette procédure prend une importance toute particulière pour obliger les pays de la zone euro à rester dans la marge de 3 % du déficit. Toutefois la Commission n'intervient que pour avis dans cette procédure et il est politiquement difficile pour le Conseil de stigmatiser ou sanctionner un État membre [3].

Il apparaît de plus en plus clairement que les instruments de coordination des politiques économiques dans la zone euro ne sont pas adaptés à la situation particulière créée par l'adoption d'une monnaie unique par une partie seulement des États membres. Or, après l'élargissement ceux-ci risquent de devenir minoritaires durant au moins quelques années et il faudra que le nouveau Traité établisse des mesures spécifiques à cet égard, du type de celles qui existent pour les coopérations renforcées.

La politique en faveur de l'emploi

Durant la seconde moitié des années 90, le taux de chômage est monté jusqu'à 11 % en moyenne dans l'Union, devenant de ce fait la préoccupation majeure des gouvernements européens. En 1997, le Conseil européen de Luxembourg, anticipant l'application des mesures de coordination prévues par le Traité d'Amsterdam, a défini une Stratégie européenne pour l'emploi dans ce qui est connu comme le processus de Luxembourg.

Les objectifs de cette stratégie sont inclus chaque année dans les Lignes directrices pour les politiques de l'emploi et les États membres doivent établir leurs Plans d'action nationale pour l'emploi sur cette base. Jusqu'à présent, les objectifs ont été regroupés en quatre « piliers » : l'amélioration de la capacité d'insertion profes-

---

[3] *Le Pacte de stabilité et de croissance a en outre prévu une procédure d'alerte précoce lorsque le déficit budgétaire d'un État membre approche de 3 %.*

sionnelle, ce qui inclut une réforme des systèmes d'indemnisation et de formation ; le développement de l'esprit d'entreprise pour favoriser la création d'entreprises ; l'adaptabilité des entreprises et des travailleurs ; et la lutte contre la discriminations entre les hommes et les femmes sur le marché du travail. Le contenu de ces quatre piliers s'est enrichi au cours des années et de nouveaux objectifs horizontaux ont fait leur apparition, en raison notamment de la plus grande intégration des politiques communautaires résultant du processus de Lisbonne.

Parmi les nouvelles priorités définies dans l'Agenda social européen, la plus notoire consiste dans l'élévation du taux d'emploi, actuellement inférieur à ce que l'on observe aux États-Unis ou au Japon. L'objectif à atteindre d'ici 2010 est un taux d'emploi de 70 % dans tous les États membres, avec un minimum de 60 % pour les femmes et 50 % pour les travailleurs ayant entre 55 et 64 ans. On observe qu'alors que les pays d'Europe du nord sont proches de ces objectifs ou même parfois les dépassent, les pays du sud en sont loin, surtout en ce qui concerne le travail des femmes et des travailleurs âgés.

Dans une conjoncture économique qui était redevenue plus favorable et qui était marquée par une réduction du taux de chômage (7,6 % en moyenne dans l'Union en 2001), l'accent a été mis sur la qualité des emplois, sur l'éducation et la formation tout au long de la vie, ainsi que sur une étroite relation entre partenaires sociaux et autorités publiques. Une question particulièrement sensible est celle de la réforme des aides financières accordées aux chômeurs : l'objectif est d'éviter la desincitation au travail, tout en « maintenant des normes de protection élevées, propres au modèle social européen », selon la déclaration du Conseil européen de Barcelone. Il existe, en effet, un risque de dérive vers le *workfare* anglo-américain, système d'indemnisation des chômeurs et d'incitation à la reprise du travail plus restrictif et contraignant, davantage tourné vers l'individualisme et vers une logique punitive.

Cette question renvoie également à la lutte contre l'exclusion qui, comme nous allons voir maintenant, est devenue une autre priorité de l'Union européenne, puisque exclusion sociale et exclusion du marché du travail sont souvent liées.

Une stratégie concertée pour moderniser la protection sociale

Différences et convergences

Le haut niveau des systèmes nationaux de protection sociale constitue la principale caractéristique du modèle social européen. Selon la définition de l'Organisation Internationale du Travail (OIT), la protection sociale inclut les allocations destinées aux individus ou aux familles dans des circonstances déterminées : maladie, maternité, invalidité, vieillesse, accident du travail, charge de famille, chômage et pauvreté. En moyenne, dans l'Union européenne, les dépenses de protection sociale atteignaient, en 1999, 27,6 % du PIB, indice très supérieur à ceux des États-Unis ou du Japon. Il existe des différences d'un pays à l'autre, allant d'un minimum de 14,7 % du PIB en Irlande à un maximum de 32,9 % en Suède (très près de 30 % pour la France et l'Allemagne, 26,9 % au Royaume-Uni).

Outre ces différences quantitatives, les systèmes nationaux de protection sociale divergent dans leur organisation et leur mode de fonctionnement [4], mais, par delà ces différences, ils sont confrontés aux mêmes menaces et aux mêmes défis qui compromettent leur équilibre financier et leur fonctionnement. Ils doivent s'adapter aux mutations en cours dans le monde du travail et dans les structures familiales, au vieillissement de la population et à des demandes croissantes dans le secteur de la santé. Les menaces sont également externes, du fait de la concurrence internationale qui pèse sur les charges sociales et les finances publiques. Tous les États européens se sont engagés dans des réformes visant à diminuer les dépenses sociales, sans que l'on puisse dire pour autant que l'État-providence s'en trouve démantelé : la résistance des peuples est forte et le niveau des dépenses et des bénéfices accordés demeure très élevé.

L'Union reconnaît que la protection sociale est un facteur de cohésion sociale et de progrès économique. Toutefois, son interven-

---

[4] *On distingue habituellement quatre modèles, qui diffèrent par leurs niveaux de prestation, la détermination des attributaires et le mode de financement et de gestion : le modèle scandinave (Danemark, Finlande, Suède) d'inspiration social-démocrate ; le modèle libéral (Royaume-Uni, Irlande) ; le modèle continental (Allemagne, France, Benelux, Autriche), fondé à l'origine sur un système d'assurances sociales ; le modèle mixte d'Europe du sud (Espagne, Grèce, Italie, Portugal).*

tion dans cet effort généralisé de modernisation et de modération des dépenses publiques demeure limitée puisque la fonction redistributive à travers la protection sociale reste de la compétence des États et qu'il est impossible d'envisager une unification de systèmes nationaux de protection sociale aussi différents [5]. Aussi, tout en laissant la liberté aux États dans l'organisation et le financement de leurs systèmes, l'Union a commencé, à partir des années 90, à définir une stratégie de convergence destinée à faciliter leur modernisation.

Dans un premier temps, la Commission a entrepris une réflexion collective, consultant tous les acteurs impliqués, organisant des séminaires scientifiques, encourageant les échanges d'expériences et de meilleures pratiques, et a produit plusieurs rapports proposant une stratégie concertée. Sur ces bases, le Conseil européen a exprimé sa préoccupation que soient faites les réformes nécessaires pour maintenir les avantages sociaux acquis qui sont considérés comme des conquêtes de la citoyenneté. Des objectifs communs ont été définis qui ont été inclus dans l'Agenda social européen approuvé par le Conseil européen en décembre 2000. Nous avons déjà parlé des objectifs liés à la politique de l'emploi. Un autre objectif consiste à entreprendre d'ici 2003 une réflexion sur les moyens de garantir, dans le respect des exigences de solidarité, un niveau de soin élevé et durable prenant en compte l'impact du vieillissement.

Deux questions, la lutte contre l'exclusion et la réforme des systèmes de retraite, sont devenus l'objet d'une attention particulière et d'une coopération plus étroite par la méthode ouverte de coordination.

Exclusion et inclusion sociale

Il est intéressant d'observer l'évolution des concepts utilisés à ce sujet dans les politiques tant nationales que communautaires : de la lutte contre la pauvreté, on est passé à la lutte contre l'exclusion sociale, ce qui manifestait le souci de situer la pauvreté dans un contexte plus large et de mieux s'attaquer à ses causes. Ensuite, on

---

[5] *Les mesures d'harmonisation prises par l'Union concernent essentiellement les règles applicables aux travailleurs migrants déjà mentionnées p. 88.*

a commencé à parler de politiques d'inclusion sociale, soulignant ainsi l'objectif d'intégration à la fois au marché du travail et à la société.

Durant les années 80, plusieurs États ont mis en place des politiques de revenu minimum. Sur cette base, une recommandation du Conseil de 1992 a invité les États membres à reconnaître, dans le cadre d'un dispositif global et cohérent de lutte contre l'exclusion sociale, un droit fondamental de l'individu à des ressources et à des prestations suffisantes, et à adapter en conséquence leurs systèmes respectifs de protection sociale. A l'exception de la Grèce, tous les États membres ont maintenant des programmes de revenu minimum, généralement nationaux sauf en Espagne où ils sont régionaux et en Italie où ils sont locaux. Théoriquement ces programmes garantissent à tous un revenu minimum dont la valeur varie d'un pays à l'autre : une personne seule et assistée par le programme de revenu minimum avait, en 2001, un revenu garanti de 131 € au Portugal, 398 € en France et 1 033 € au Danemark.

Après avoir été insérée par le Traité d'Amsterdam parmi les objectifs de la politique sociale communautaire, la lutte contre les exclusions est devenue un élément central de la modernisation de la protection sociale. Déjà le niveau élevé des prestations sociales, y compris d'assistance sociale et de revenu minimum, contribue à faire diminuer significativement la pauvreté dans les pays européens. Cependant aujourd'hui, la préconisation est d'un État social actif encourageant résolument la participation au marché du travail.

L'intervention de l'Union, qui respecte le principe de subsidiarité, se fait selon la méthode ouverte de coordination. Des objectifs communs ont été définis, qui incluent la participation à l'emploi, l'accès de tous aux ressources, aux droits, aux biens et services (notamment d'éducation, de santé et d'habitation) afin de prévenir les risques d'exclusion. Utilisant des indicateurs communs, les États membres ont présenté, en 2001, leurs Plans d'action nationaux qui recouvrent une période de deux ans. Ceux-ci ont fait l'objet d'un examen et d'une approbation par la Commission.

Cette méthode produit des résultats intéressants tels qu'une meilleure compréhension des phénomènes d'exclusion, un rapprochement entre les stratégies à partir d'une évaluation conjointe des plans d'action nationaux, ainsi qu'une plus grande mobilisation des acteurs impliqués. Il est cependant encore difficile de dire quels effets réels elle produira dans les politiques nationales et jusqu'à quel point elle fera accepter une implication croissante de l'Union dans ce domaine. Les mêmes constats et les mêmes questions valent pour l'application de la méthode ouverte de coordination au domaine des retraites.

La réforme des systèmes de retraite

Le vieillissement de la population est, lui aussi, devenu une préoccupation majeure des pays européens et de l'Union en raison de ses nombreuses implications dans les politiques économiques et sociales. Comme on l'a vu antérieurement, les grandes orientations des politiques économiques recommandent d'augmenter le taux d'emploi et, pour cela, de retarder l'âge de la retraite et de le rendre plus flexible. Elles recommandent également de compléter les régimes légaux de retraite par des régimes privés (fonds de pension et fonds salariaux, plans individuels) et de remplacer partiellement les systèmes de répartition par des systèmes de capitalisation.

Tous les États se sont engagés dans des réformes de leurs systèmes de retraite, se heurtant souvent à de fortes résistances de la part des catégories sociales concernées. Face à l'urgence du problème, l'application de la méthode ouverte de coordination, approuvée par le Conseil européen de Barcelone, peut aider à identifier les défis et les solutions. Elle en est encore à ses débuts : les rapports de stratégie nationale, établis sur la base d'objectifs communs, ont été examinés par la Commission à la fin de 2002 de sorte qu'un rapport conjoint de la Commission et du Conseil soit présenté au Conseil européen de printemps de 2003.

L'évolution des systèmes de retraite est rendue plus difficile par le fait qu'elle dépend de diverses autres politiques publiques concernant, notamment, l'emploi, les finances publiques et la protection sociale. Il est par conséquent nécessaire d'adopter une approche intégrée de toutes ces politiques. Il faut signaler également que le développement des fonds de pension a des implications sur le marché financier et que ces fonds, en tant que services financiers soumis aux règles du marché, peuvent faire l'objet d'une réglementation européenne.

Espace européen de la connaissance et Société de l'information

Un « Espace européen de la connaissance »

Comme nous l'avons vu, le Conseil européen de Lisbonne a fixé pour l'Union européenne l'objectif de devenir, d'ici 2010, l'économie basée sur la connaissance la plus dynamique du monde. Ainsi, la question de la connaissance est considérée comme centrale dans la recherche de la compétitivité, ce qui a amené la Commission et le Conseil à entreprendre une approche intégrée des politiques de recherche et d'éducation et à créer la notion d'Espace européen de la connaissance. Parmi les nouveaux objectifs mis en avant dans cette nouvelle approche, on note la mobilité de tous les acteurs de l'éducation, de la formation et de l'innovation, ainsi que la création de réseaux européens des centres d'excellence dans le secteur universitaire et de la recherche.

Nous allons voir comment évoluent, dans ce contexte, les politiques de la recherche et de l'éducation.

Recherche et développement technologique (R&D)

Le Traité de la Communauté européenne, dans son Titre XVIII « Recherche et développement technologique », définit les objectifs et les moyens de la politique communautaire de recherche. L'objectif est double : d'une part, renforcer les bases scientifiques et technologiques de l'industrie de l'Union et favoriser le développement de la compétitivité internationale ; et, d'autre part, promouvoir les actions de recherche considérées nécessaires pour les autres politiques communautaires.

Pour réaliser ces objectifs, la Communauté a mis en place, depuis 1984, des programmes-cadres pluriannuels, d'une durée de quatre ou cinq ans, qui sont le principal instrument de sa politique de recherche. Y sont définis, d'une part, les montants qui seront attribués aux programmes spécifiques de recherche et de développement technologique, et, d'autre part, les actions destinées à promouvoir des coopérations, la diffusion et la valorisation des résultats, la formation et la mobilité des chercheurs.

L'effort financier de l'Union a beaucoup augmenté à partir du 4e Programme-cadre, atteignant près de 15 milliards d'euros durant le 5e (1998-2002) et près de 17 milliards pour la durée du 6e (2003-

2006). La majeure partie de ces sommes sert au soutien d'actions de recherche réunissant des centres de recherche de plusieurs États membres, la participation communautaire pouvant atteindre jusqu'à 50 % du coût total. Priorité est donnée aux technologies avancées (notamment les sciences de la vie et les biotechnologies) et aux technologies propres permettant une réduction des impacts négatifs pour l'environnement.

Néanmoins, le financement consacré à la Recherche et développement dans l'Union européenne reste insuffisant, bien en-dessous de ce que l'on observe dans les autres pays développés, menaçant ainsi la compétitivité de l'économie européenne. Le Conseil européen de Barcelone, en mars 2002, a déterminé que le niveau global des dépenses en innovation et R&D dans l'Union devra augmenter de sorte à approcher de 3 % du PIB d'ici 2010. En outre, il a souligné que l'effort pour parvenir à cette augmentation devra venir principalement du secteur privé, celui-ci contribuant pour les deux tiers à cet investissement. Il a identifié également divers problèmes à résoudre pour favoriser le financement privé, telles l'adoption d'une législation sur le brevet européen, une meilleure utilisation du capital risque dans la recherche et la création de réseaux entre le monde de l'entreprise et le monde scientifique.

Éducation et formation

Selon l'article 149 TCE, « La Communauté contribue au développement d'une éducation de qualité en encourageant la coopération entre États membres et, si nécessaire, en appuyant et en complétant leur action tout en respectant pleinement la responsabilité des États membres pour le contenu de l'enseignements et l'organisation du système éducatif ainsi que leur diversité culturelle et linguistique ». Les moyens prévus par le Traité pour agir en ce domaine sont donc limités à des actions d'encouragement, excluant toute harmonisation des législations nationales.

L'Union n'en a pas moins produit des actions efficaces et utiles. Un de ses programmes les plus connus est le programme Socrates, successeur du programme Erasmus, qui encourage les échanges et la mobilité entre les universités européennes. Dans sa seconde phase (2000-2006) il est ouvert à tous les États candidats et à la Turquie et reçoit un budget de 1,85 milliards d'euros.

Le Conseil européen de Barcelone a approuvé un programme de travail qui introduit la méthode ouverte de coordination dans le domaine de l'éducation et de la formation. Les objectifs qui seront poursuivis d'ici à 2010 sont ambitieux. L'un d'entre eux vise à rendre les systèmes nationaux d'éducation et de formation suffisamment compatibles pour que les citoyens européens puissent passer de l'un à l'autre et profiter de leur diversité. Un autre vise à la reconnaissance dans toute l'Union des qualifications, des connaissances et des compétences obtenues dans n'importe quel État membre. L'accès de tous les Européens, quel que soit leur âge, à l'éducation et à la formation tout au long de la vie fait également partie des objectifs assignés. De manière plus générale, le but est d'amener la qualité de l'éducation et de la formation au niveau le plus élevé et de faire de l'Europe une référence mondiale en ce domaine.

Cette volonté de rendre les systèmes nationaux plus compatibles ne pourra se réaliser sans un minimum d'harmonisation, notamment dans les procédures de validation. Cela pourrait exiger, au-delà d'une simple coopération, une législation européenne en ce domaine qui, pour le moment, reste interdite par le Traité.

Un instrument important pour le perfectionnement de l'éducation consiste dans la généralisation de l'utilisation d'internet dans les écoles. Le plan d'action « eEuropa », pièce centrale de la société de l'information dont nous allons maintenant parler, est un élément important pour les politiques d'éducation et de recherche.

La « Société de l'information »

En effet, la diffusion du savoir est étroitement liée aux techniques d'information et aux mutations révolutionnaires qu'elles connaissent actuellement, ce qui en fait une préoccupation prioritaire pour les autorités de l'Union européenne.

A la différence des politiques étudiées jusqu'à maintenant, les Traités ne contiennent pas de dispositions spécifiques sur cette question. Il existe des bases juridiques pour répondre à cette priorité mais qui, en raison de la nouveauté des problèmes à résoudre, restent dispersées. Les interventions de l'Union se développent dans deux directions : l'une vise au développement et à l'implantation de nouvelles technologies d'information et de communication, plus spécialement à travers l'encouragement à la recherche qui s'y rapporte ; l'autre encourage le développement des application et des contenus rendus possibles par les nouvelles technologies dès lors qu'elles sont utiles aux entreprises, aux administrations et aux citoyens.

Internet étant devenu un des principaux vecteurs de la société de l'information, la Commission a défini une stratégie pour encourager et élargir son utilisation à travers les plans d'action *e*Europa. Le second plan, *e*Europa 2005, approuvé par le Conseil européen de Séville en juin 2002, confère un caractère prioritaire à la disponibilité et à l'utilisation généralisée de réseaux à large bande dans toute l'Union d'ici 2005, grâce à la convergence de plusieurs technologies (ordinateur, télévision digitale interactive et téléphone mobile de troisième génération). D'autre part, il vise au développement de nouvelles applications dans les services d'administration en ligne (*e-government*), dans l'apprentissage électronique (*e-learning*), dans les services de santé en ligne (*e-health*) et dans le commerce électronique (*e-business*). L'objectif de l'Union est de permettre un accès en ligne à tous les citoyens, dans toutes les résidences, les écoles, les entreprises et les administrations, rendant l'accès à internet plus rapide, moins cher et plus sûr, en mettant tout spécialement l'accent sur l'éducation.

LES POLITIQUES EXTÉRIEURES DE L'UNION EUROPÉENNE

Jusqu'à présent nous avons présenté les politiques de l'Union européenne dans leur dimension interne, bien qu'à plusieurs reprises nous ayons eu l'occasion de signaler qu'elles possédaient aussi une dimension extérieure. Ce chapitre est consacré aux politiques extérieures de l'Union, ce qui pose trois types de problèmes : juridiques, politiques et théoriques.

D'un point de vue juridique, nous avons déjà vu que l'Union et la Communauté ne possèdent que les compétences qui leur sont attribuées par les Traités. En ce qui concerne les politiques externes, les compétences sont fondées sur trois ensembles de règles. En premier lieu, depuis la création de la Communauté économique européenne, le Traité de Rome a défini ses compétences dans le domaine de la Politique commerciale commune, composante nécessaire du marché commun et pour laquelle la Communauté possède, selon les cas, des compétences exclusives ou partagées avec les États membres. Par la suite, en développant sa politique commerciale avec les pays en voie de développement, la Communauté s'est engagée dans des politiques de coopération dont les bases juridiques n'ont été précisées qu'avec le Traité de Maastricht qui a ajouté au TCE un nouveau titre intitulé « Coopération au développement ». Dans ce domaine, la Communauté ne possède que des compétences complémentaires par rapport aux États membres.

Parallèlement à ces politiques extérieures conduites dans le cadre communautaire, les États membres ont développé en dehors de ce cadre ce qui fut alors appelé la Coopération politique européenne. Rebaptisée Politique extérieure et de sécurité commune (PESC), elle est devenue l'élément principal du Traité de l'Union européenne. Les principes, les règles juridiques et les mécanismes institutionnels relatifs à la PESC sont complètement différents de ceux applicables à la politique commerciale ou à celle de coopération, différences qui s'expliquent par la réticence des États à renoncer à leurs prérogatives dans le domaine de la « haute diplomatie » telle qu'elle s'applique aux questions politiques et militaires.

Toutefois, dans les relations internationales modernes, les aspects économiques et politiques sont de plus en plus entremêlés : les politiques commerciales et de coopération introduisent des considérations politiques telles que le respect de la démocratie ou des droits de l'homme et, d'un autre côté, les positions ou actions arrêtées dans le cadre de la PESC prennent en compte la politique commerciale et la politique de coopération. Cette liaison, jugée de plus en plus indispensable, est d'ailleurs explicitement prévue dans l'article 3 TUE qui dispose que « l'Union veille, en particulier, à la cohérence de l'ensemble de son action extérieure dans le cadre de ses politiques en matière de relations extérieures, de sécurité, d'économie et de développement. Le Conseil et la Commission ont la responsabilité d'assurer cette cohérence ».

Ces différences juridiques et institutionnelles dans la conduite de ces différentes politiques et cette exigence de cohérence soulèvent dès lors un problème politique dans la manière de les aborder. La question, en effet, est de savoir si elles peuvent réellement être considérées comme un ensemble cohérent ou si prévaut la diversité et la dispersion. Adopter ce second point de vue conduit à constater que l'Union n'agit avec succès que dans le domaine économique, ce que traduit la formule « un géant économique mais un nain politique et militaire ». Ce n'est que si l'on adopte le point de vue de la cohérence que l'Union peut d'ores et déjà être considérée comme un véritable acteur dans les relations internationales.

Cela nous conduit à la troisième difficulté qui est d'ordre théorique. Sans entrer trop avant dans la théorie des relations internationales, nous ne pouvons laisser complètement de côté les débats qui agitent cette discipline. Pour les « néo-réalistes », qui privilégient la « haute diplomatie », les États sont les acteurs principaux, sinon uniques, des relations internationales. Telle qu'elle existe aujourd'hui, l'Union ne peut prétendre à les égaler, ce qui signifie que, pour cette école, les États membres restent les acteurs déterminants. Selon d'autres approches théoriques, cependant, le monde globalisé actuel est fait d'une pluralité d'acteurs et seule l'analyse empirique permet de déterminer si l'Union réussit ou non à être un acteur puissant et reconnu par la communauté internationale. Nous adopterons plutôt ce point de vue, sans ignorer pour autant que la nature même de cet acteur reste incertaine et sans équivalent dans le monde actuel, étant davantage qu'une organisation internationale mais moins qu'une fédération.

Cette ambiguïté se retrouve concrètement dans la manière dont l'Union assure sa présence dans le reste du monde. La Commission européenne a des représentations à statut diplomatique dans près de 130 pays, lesquelles sont généralement perçues comme des ambassades de l'Union. Un nombre supérieur d'États entretient une représentation diplomatique à Bruxelles auprès de l'Union. En outre, la Commission représente l'Union dans les réunions de l'OMC et dans d'autres négociations internationales lorsqu'il s'agit de questions commerciales ou de coopération : les médias internationaux parlent alors d'elle comme du « gouvernement » de l'Union. Mais, d'un autre côté, lorsqu'il s'agit de la PESC, le Traité de l'Union désigne le Secrétaire général du Conseil comme Haut représentant : relié au Conseil et non à la Commission, il représente l'Union dans de nombreuses rencontres diplomatiques chaque fois que le président du Conseil européen ne peut le faire lui-même, ce qui fait qu'il est généralement perçu par les médias internationaux comme le ministre des Affaires étrangères de l'Union.

En dépit de cette diversité dans les règles juridiques et dans l'organisation de ses politiques extérieures, l'Union a affirmé davantage sa présence sur la scène internationale à partir des années 90. Dans les décennies antérieures, la bipolarisation du monde entre bloc capitaliste et bloc communiste obligeait l'Europe occidentale à privilégier l'alliance politique et militaire avec les États-Unis, tandis qu'au plan économique les échanges entre les deux blocs restaient limités. Avec la fin des régimes communistes et la division de l'Union soviétique et de la Yougoslavie, l'Europe occidentale a été obligée de redéfinir ses relations avec un nombre accru de partenaire dans le reste de l'Europe. D'un autre côté, l'hégémonie des États-Unis dans ce nouveau contexte donne un sens différent à l'Alliance atlantique cependant que la compétition économique se fait de plus en plus vive. Ce « partenariat compétitif » avec les États-Unis influence grandement les politiques externes de l'Union européenne et, bien souvent, suscite des divergences entre les gouvernements des États membres, et notamment entre le Royaume-Uni et les autres.

Dans ce chapitre, nous traiterons, en premier lieu, de la politique commerciale et de la politique de coopération, présentant les principes qui les guident et exposant ensuite la manière dont elles se développent au niveau mondial et dans différentes parties du monde. En second lieu, nous traiterons de la PESC.

L'Union européenne dans les relations économiques internationales : politique commerciale commune et politique de coopération

Les importantes différences juridiques amènent à présenter séparément les principes qui fondent la politique commerciale commune et la politique de coopération. Mais, que ce soit dans les organisations internationales multilatérales ou dans ses accords avec des pays ou des groupes de pays déterminés, l'Union conduit ses relations économiques extérieures en utilisant tous les moyens prévus dans le cadre de ces deux politiques à partir de considérations non seulement économiques mais également politiques, leur donnant une dimension géopolitique.

Les principes

La politique commerciale commune

Les dispositions sur la politique commerciale commune qui, dès le début, furent le complément indispensable de l'union douanière, sont inscrites dans le titre IX de la troisième partie du TCE. Celui-ci détermine les transferts de compétences, les instruments de la politique commerciale et les procédures à suivre dans les négociations internationales.

En ce qui concerne les transferts de compétences, bien que la formulation de l'article 133 TCE ne soit pas totalement claire, elle visait, à l'époque du Traité de Rome, le commerce de marchandises et donnait une compétence exclusive à la Communauté en ce domaine. Les problèmes ont commencé à surgir lorsque d'autres éléments de l'activité économique tels que les services, les investissements ou la propriété intellectuelle sont devenus aussi importants que les échanges de marchandises dans les négociations commerciales. Lors de la conclusion des négociations du GATT connues comme l'Uruguay Round, en 1994, les accords relatifs à ces matières ont donc dû être signés conjointement par la Communauté et les États membres.

Cela rendait plus difficiles les négociations et une première solution à ce problème fut apportée par le Traité d'Amsterdam qui a ajouté à l'article 133 une disposition permettant au Conseil, délibérant à l'unanimité, de transférer la compétence à la Communauté pour les accords relatifs aux secteurs des services et à la propriété intellectuelle. Cependant, comme on pouvait s'y attendre, cette disposition n'a pas été suivie d'effet et le Traité de Nice a introduit une nouvelle modification selon laquelle la conclusion des accords relatifs aux services ou aux aspects commerciaux de la propriété intellectuelle est de la compétence de la Communauté. Le texte prévoit cependant des exceptions pour les accords commerciaux touchant aux services culturels et audiovisuels, aux services de l'éducation, ainsi qu'aux services sociaux et de santé, qui continuent à relever d'une compétence partagée entre la Communauté et les États membres.

Le premier instrument da la politique commerciale commune fut le tarif douanier commun, élément constitutif de l'union douanière établie à la fin des années 60. Le tarif douanier commun créait une préférence pour le commerce intracommunautaire qui a pu ainsi croître rapidement. Cependant, notamment du fait des négociations multilatérales dans le cadre du GATT et de l'OMC, les droits de douane sont descendus en moyenne à 4 %.

Les autres instruments de la politique commerciale servent à la défense des intérêts commerciaux. Il s'agit notamment de la politique anti-dumping et de la politique anti-subventions, qui vise à empêcher l'importation de produits à des prix maintenus artificiellement bas grâce à des subventions publiques. L'Union européenne peut également prendre des mesures de sauvegarde pour réduire des importations qui auraient augmenté rapidement et massivement, causant un préjudice aux produits communautaires. Ces différents instruments sont conformes aux règles de l'OMC.

Néanmoins, l'instrument principal de la politique commerciale commune est constitué par les accords passés par la Communauté [1]. Ce sont des accords multilatéraux conclus dans le cadre de l'OMC ou des accords préférentiels conclus avec des États ou des groupes d'États. Le Traité de la Communauté, dans son article 300, définit les procédures à suivre pour la négociation et la conclusion de ces accords. Selon cet article, il incombe à la Commission de préparer la position de la Communauté sur la négociation. Sur cette base, le

---

[1] *Rappelons que seule la Communauté européenne, et non l'Union européenne, possède la personnalité juridique, ce qui fait que les accords sont conclus en son nom.*

Conseil, par un vote à la majorité qualifiée, autorise la Commission à négocier et détermine les orientations qu'elle devra suivre. La négociation est conduite par la Commission mais elle doit rendre compte à un comité de hauts fonctionnaires des États membres (appelé Comité de l'article 133). Quand la négociation est terminée, l'accord est conclu par le Conseil, sauf exceptions, à la majorité qualifiée. Le Parlement est informé et consulté, mais son accord n'est nécessaire que dans quelques cas.

Le problème principal soulevé par cette procédure est la marge de manœuvre que les gouvernements nationaux laissent à la Commission à travers les orientations du Conseil et le contrôle effectué par le Comité de l'article 133. Dans le cas des accords multilatéraux, qui impliquent souvent des intérêts contradictoires, la tendance des gouvernements est de limiter cette marge de manœuvre pour protéger leurs propres intérêts, ce qui rend la négociation plus difficile. En outre, bien que la règle pour le vote au Conseil soit généralement celle de la majorité qualifiée, dans la pratique c'est toujours le consensus qui est recherché, ce qui renforce le poids de chaque gouvernement.

La coopération au développement

Le titre XX de la troisième partie TCE, qui traite de la « Coopération au développement », a été introduit par le Traité de Maastricht dans le but de donner un fondement juridique plus stable aux politiques communautaires en faveur du développement. La politique de l'Union en ce domaine est définie comme complémentaire des politiques menées par les États membres.

Les aides communautaires peuvent être divisées en deux catégories, représentant des montants à peu près équivalents : des aides à caractère économique, sous la forme de contributions financières aux États ou de participation à des projets, et des aides de caractère social, environnemental ou humanitaire. Souvent, ces aides sont déterminées par des accords de coopération ou d'association conclus avec un pays ou un groupe de pays, mais elles peuvent aussi transiter par des organisations internationales liées à l'ONU ou être attribuées de manière unilatérale. Pour la distribution des aides, la Communauté utilise abondamment les services des ONG.

Le Traité de la Communauté européenne précise que la politique de coopération « contribue à l'objectif général de développement et de consolidation de la démocratie et de l'État de droit, ainsi qu'à l'objectif du respect des droits de l'homme et des libertés fondamentales » (art. 177). De fait, à partir des années 90, les accords de coopération ont introduit des clauses politiques relatives à la démocratie, aux droits de l'homme et à la lutte contre la corruption, comportant la possibilité de suspendre la coopération en cas de non respect et introduisant des aides spécifiques pour des projets renforçant la démocratie et les droits de l'homme.

L'aide humanitaire, quant à elle, présente des caractéristiques propres dans son organisation et ne dépend pas de critères politiques. Sa finalité est de procurer une aide aux citoyens de pays tiers victimes de catastrophes naturelles (tremblement de terre, inondations, sécheresse, cyclones), de désastres provoqués par l'homme (guerres, conflits, rébellions) ou de crises structurelles (ruptures graves de nature politique, économique ou sociale). L'aide humanitaire est constituée principalement par la fourniture de biens et services, tels qu'aliments, médicaments, vaccins, approvisionnement en eau, etc. Un organe particulier a été créé pour s'en occuper, l'Office européen pour l'aide humanitaire d'urgence (plus souvent désigné comme Office d'aide humanitaire ou par l'acronyme ECHO). Il finance des opérations dans une soixantaine de pays, souvent par l'intermédiaire d'ONG qui mettent en œuvre des actions d'aide humanitaire en Afrique (Corne de l'Afrique, région des Grands Lacs, Angola...), dans le cadre des guerres survenues dans le Caucase du Nord et dans l'ex-Yougoslavie, en Afghanistan, en Colombie, etc.

Les difficultés rencontrées par la Commission pour gérer la politique de coopération ont compromis son efficacité et obligé à des réformes dans son organisation.

Principales orientations des relations économiques extérieures

L'Union européenne est aujourd'hui la plus grande puissance commerciale, représentant un cinquième du commerce mondial, avant les États-Unis et le Japon. Dans ces conditions elle pourrait prétendre exercer un leadership dans les négociations mondiales ou régionales, à la condition toutefois de surmonter les contradictions d'intérêts entre ses membres et de parler d'une seule voix. On observe que, tant au niveau mondial que dans les partenariats régionaux, elle progresse dans cette direction, ce qui exige une volonté politique convergente des gouvernements nationaux, une capacité d'asseoir les politiques commerciales et de coopération sur une vision commune, dans des projets de nature géopolitique, ce qui les rapproche de la PESC.

Pendant de nombreuses années l'attitude de la Communauté européenne est apparue protectionniste : le tarif extérieur commun permettait d'accroître le commerce intercommunautaire à l'abri de la concurrence extérieure et la Communauté établissait des relations privilégiées uniquement avec les pays en développement avec lesquels ses membres entretenaient des relations historiques. L'ouverture généralisée liée à la mondialisation a modifié ce cadre général, surtout à partir des années 90, et le rôle que prétend jouer l'Union dans le nouveau cycle de négociations de l'OMC exige d'elle une orientation plus libérale dans ses relations bilatérales ou régionales.

■ **Les relations commerciales au niveau mondial**

L'Union européenne a été active lors du cycle de négociations du GATT connu comme l'Uruguay Round, qui s'est achevé en 1994 par les accords de Marrakech et la création de l'Organisation Mondiale du Commerce (OMC). Elle a soutenu la création de cette nouvelle organisation internationale qui a englobé dans une même structure les négociations relatives aux marchandises (GATT), aux services (GATS) et à la propriété intellectuelle (TRIPS). L'OMC fonctionne désormais comme un véritable régulateur du commerce international dans toutes ses composantes et l'Union européenne accorde une importance particulière à ses mécanismes de résolution des conflits qui permettent d'arbitrer les plaintes pour violation des règles multilatérales au lieu de laisser les États prendre des sanctions unilatéralement.

Après l'échec de la réunion de Seattle en 1999, l'Union a défendu l'ouverture d'un nouveau cycle de négociation, ouverture réalisée lors de la réunion de Doha en novembre 2001. L'Union défend la libéralisation du commerce, y compris en ce qui concerne les services, les marchés publics, la lutte contre la contrefaçon et la protection de la propriété intellectuelle. Elle reconnaît cependant des limites au libéralisme au nom de la protection d'intérêts qu'elle considère supérieurs. Parmi ceux-ci, le plus controversé est la conception que les Européens se font de l'agriculture comme activité non seulement productive mais multifonctionnelle, ce qui justifie la politique agricole commune et les subventions accordées aux agriculteurs et à l'exportation (cf. p. 68). Lors de la réunion de Doha, l'Union européenne a défendu sa position avec ténacité et a réussi à éviter des engagements précis sur la suppression des subventions. En outre, pour protéger la santé des personnes, l'Union entend interdire l'importation de certains produits au nom du principe de précaution [2].

L'Union prône également une exception en matière culturelle, et plus précisément pour les services audiovisuels, ce qui est l'objet de contestation de la part des États-Unis. Elle a obtenu que les services audiovisuels soient exclus des accords finaux de l'Uruguay Round et ne soient pas discutés à Doha. Il faut préciser que, tant en matière agricole qu'en matière de services audiovisuels, la position de l'Union représente un compromis établi à partir des positions divergentes des États membres.

En outre, l'Union européenne entend défendre une mondialisation qui ne soit pas uniquement marchande. Toutefois, ses efforts pour faire reconnaître des clauses sociales ou environnementales dans les échanges commerciaux rencontrent des résistances de la part des pays en développement qui craignent qu'il s'agisse là de nouvelles formes de protectionnisme. Cette position de l'Union peut davantage trouver à se manifester dans d'autres forums mondiaux telle la Conférence de Monterrey, de mars 2002, sur le financement du développement dans laquelle l'Union s'est affirmée comme le plus gros contributeur mondial, ou encore dans les conférences sur le développement durable et la protection de l'environnement, tel le sommet mondial sur le développement durable de Johannesburg d'août 2002 [3].

Concernant la protection de l'environnement, on notera tout particulièrement la position de l'Union européenne sur la question des gaz à effet de serre. L'Union a signé puis ratifié, en 2002, le

---

[2] *Dans le cas du bœuf nourri aux hormones cela a suscité un conflit avec les États-Unis qui a été arbitré par l'OMC en faveur de ceux-ci : en effet, l'accord sanitaire et phytosanitaire de l'OMC exige la preuve de la nocivité d'un produit pour en interdire l'importation alors que, selon les règles de l'Union, il suffit de la présumer.*

[3] *Plus anciennement, la Communauté a été l'initiatrice du système de préférences généralisées (SPG) qui accorde des réductions tarifaires aux produits en provenance des pays en voie de développement dont le principe avait été accepté par les autres pays développés en 1968. L'actuel règlement communautaire sur le SPG prévoit un régime différencié accordant des avantages supplémentaires, notamment, aux 49 pays faisant partie des Pays les moins avancés (système dit aussi « tout sauf les armes ») et à certains pays d'Amérique latine engagés dans des programmes de lutte contre la drogue.*

protocole de Kyoto qui faisait suite à la Convention de 1992 sur les changements de climat et établissait des objectifs chiffrés et datés sur la diminution des émissions de ces gaz. Elle assume un rôle de leadership en la matière du fait que les États-Unis, bien qu'ayant signé le protocole, se refusent désormais à le ratifier. Dès 1990, d'ailleurs, l'Union a pris des mesures pour diminuer ses émissions de gaz à effet de serre.

■ Partenariats régionaux

L'élargissement des règles du GATT puis de l'OMC dans les années 90 a obligé l'Union européenne à revoir ses relations économiques avec les pays ou groupes de pays avec lesquels elle possède des accords commerciaux et de coopération. Les accords les plus anciens concernent les pays ACP et ceux du bassin méditerranéen. Dans les années 90, de nouveaux partenariats ont été établis avec les pays de l'ancien bloc communiste et avec des pays d'Amérique latine et d'Asie, généralement dans le cadre d'accords régionaux. Ces accords varient par leur contenu mais aussi par leurs finalités politiques. Sans prétendre à l'exhaustivité, nous allons présenter les principaux partenariats existants.

Pays ACP

La coopération de la Communauté européenne avec les pays de l'Afrique subsaharienne, des Caraïbes et du Pacifique (pays ACP), trouve son origine lointaine dans des dispositions du Traité de Rome de 1957 qui, à l'époque, concernaient des pays pour la plupart encore sous statut colonial. Lorsqu'ils sont devenus indépendants, au début des années 60, la Communauté a conclu avec eux des accords commerciaux et de coopération qui s'adressaient essentiellement à l'Afrique francophone. A partir de 1975, ces accords, régulièrement renouvelés, ont été connus comme les Conventions de Lomé et ont concerné un nombre sans cesse croissant de pays appelés désormais ACP. La dernière, la Convention de Lomé IV, a été en vigueur de 1990 à 2000 et a été suivie par l'Accord de Cotonou, signé en 2000 et associant 77 pays ACP.

Le principal changement introduit par l'accord de Cotonou concerne la substitution du régime préférentiel en vigueur par l'application de principes de libéralisation du commerce plus conformes aux règles de l'OMC. Cependant, ces changements n'entreront en vigueur qu'au terme d'une période transitoire qui s'étend jusqu'à 2008. D'ici là s'applique le régime établi par les conventions de Lomé selon lequel les produits manufacturés, ainsi que les produits agricoles qui ne font pas concurrence aux produits inclus dans la politique agricole commune, entrent dans l'Union exemptés de droit de douane et sans restriction quantitative. Pour leur part, les pays ACP peuvent imposer des droits de douane aux produits de l'Union, en respectant cependant la clause de la nation la plus favorisée. Des dispositions spécifiques s'appliquent à certains produits qui sont d'importance primordiale pour l'économie de divers pays ACP, tels les bananes, le riz ou le sucre.

Les conventions de Lomé ont introduit dans la coopération de nouveaux thèmes que l'on retrouve également dans l'accord de Cotonou. La promotion des droits de l'homme et le respect de la démocratie sont devenus des éléments déterminants du partenariat, et leur violation peut entraîner une suspension de l'accord. La coopération inclut de nouveaux objectifs tels l'amélioration de la situations des femmes, la protection de l'environnement ou le respect des normes fondamentales du travail telles qu'elles sont définies par l'Organisation internationale du travail (OIT). Chaque fois que cela est possible, elle favorise la création d'accords régionaux entre les pays ACP.

Le dialogue politique a été institutionnalisé par la création du Conseil des ministres, du Comité des ambassadeurs et de l'Assemblée parlementaire paritaire. La participation de la société civile est également recherchée.

Une attention particulière est portée aux problèmes de développement en Afrique. L'Union européenne participe au Nouveau partenariat pour le développement de l'Afrique (NEPAD selon l'acronyme anglais) qui a été établi entre les pays africains et le G8. L'objectif est de passer d'une politique d'assistance à un partenariat véritable, ce que devrait faciliter la création de l'Union africaine qui a remplacé, en 2002, la peu efficace Organisation pour l'unité africaine (OUA). Quant à l'Afrique du Sud, la fin de l'apartheid dans les années 90 a permis de remplacer les mesures restrictives visant à faire pression sur le gouvernement raciste sud-africain par une coopération active. L'Afrique du Sud a pu ainsi adhérer à la convention de Lomé puis à l'accord de Cotonou, et, en outre, elle a signé un accord de libre échange avec la Communauté en 1999.

Pays du Bassin méditerranéen

Bien qu'ancienne et concrétisée d'abord par des accords bilatéraux, la coopération avec les pays du Bassin méditerranéen a pris une dimension plus multilatérale avec la Conférence euro-méditerranéenne de Barcelone de 1995. La Déclaration de Barcelone qui en est résultée contient trois volets : un volet économique visant à promouvoir le développement durable et la coopération régionale, avec pour but d'établir une zone de libre échange en 2010 ; un volet politique visant à promouvoir une zone de paix et de stabilité dans le Bassin méditerranéen au travers de négociations sur la sécurité, la démocratie, l'immigration et le terrorisme ; un volet culturel visant l'affirmation et la préservation de la culture méditerranéenne.

Le volet économique est celui qui a le plus mobilisé la Commission jusqu'à présent. Il passe par des accords bilatéraux avec chacun des 27 pays concernés, qui se différencient des accords bilatéraux antérieurs par le fait de supprimer le libre accès sans réciprocité des produits au territoire de l'Union.

Le « processus de Barcelone » a été une initiative des États du sud de l'Union européenne destinée à compenser la nouvelle orientation vers l'est liée au processus d'intégration des pays d'Europe centrale et orientale. On peut néanmoins mettre en doute la pertinence d'un « espace méditerranéen » tant du point de vue culturel qu'économique ou politique. En outre, même si les réunions des ministres réussissent à rassembler autour d'une même table les représentants des pays arabes et d'Israël, ce qui est déjà un exploit, l'opposition entre eux empêche une véritable action collective et place l'Union dans une situation difficile.

Signalons enfin que trois pays concernés par le processus de Barcelone sont candidats à l'entrée dans l'Union : Chypre et Malte, qui devraient adhérer en 2004, et la Turquie, dont l'intégration a été retardée notamment du fait qu'elle ne remplissait pas jusqu'à présent les critères politiques de l'adhésion (cf. p. 20). Ces trois pays bénéficient d'accords particuliers dans le cadre de la stratégie de pré-adhésion et la Turquie est liée à l'Union européenne par une union douanière.

Les pays d'Europe centrale et orientale

La fin des régimes communistes, de l'Union soviétique et du Pacte de Varsovie étaient susceptibles d'engendrer une grande instabilité en Europe centrale et orientale, créant une menace d'un nouveau type pour l'Europe occidentale. Après avoir hésité sur la stratégie à adopter avec les pays de cette région, l'Union a finalement choisi la solution la plus radicale consistant à les intégrer (cf. p. 18).

Cependant, du fait de la longueur du processus d'intégration, l'Union a dû entre temps organiser ses relations avec ces pays.

A la fin des années 80, lorsque les régimes communistes se sont effondrés, une aide aux pays de l'Est a été organisée dans le cadre de la Communauté dans le but de faciliter leur passage à la démocratie et à l'économie de marché. Peu de temps après, dans une perspective à plus long terme, des accords d'association ont été conclus avec ces pays, la question de leur intégration à l'Union n'étant alors envisagée que comme une éventualité. Le Conseil européen de Copenhague, en 1993, fit un pas décisif en fixant l'intégration comme nouvel objectif et en énonçant les critères auxquels elle serait soumise.

A la suite de cette décision fut lancée une stratégie de pré-adhésion fondée sur les accords d'association déjà existants mais revus et adaptés à l'objectif de l'intégration. Ces accords prévoient la libéralisation du commerce des produits industriels et une coopération économique dans de nombreux domaines. Des instruments financiers ont été créés dont le plus important est le programme PHARE. Son montant actuel est de 1,5 milliards d'euros par an et sert à financer des investissements (70 % du budget), ainsi qu'à renforcer la capacité institutionnelle et administrative des pays candidats (30 % du budget). Les autres instruments financiers spécifiques sont l'Instrument structurel de pré-adhésion (ISPA) et l'Instrument agricole de pré-adhésion (SAPARD).

La stratégie de pré-adhésion comporte également un dialogue structuré au niveau institutionnel à travers des réunions périodiques des ministres et la Conférence Européenne qui réunit les chefs d'État et de gouvernement des États membres et des États candidats.

Parallèlement était lancé avec chaque État candidat un processus complexe de négociation qui a abouti, en décembre 2002, à la décision d'admettre les pays candidats à signer le traité d'adhésion, à l'exclusion de la Roumanie et de la Bulgarie (cf. p. 19).

Russie, CEI, Balkans occidentaux

La stratégie de l'Union européenne en direction des autres régions européennes anciennement sous régime communiste a été plus difficile à définir. Une des questions à résoudre est de déterminer jusqu'où l'Union a vocation à s'étendre et dans quel délai. Une autre est de savoir si elle a la capacité d'intervenir dans les situations de conflit armé qui ont surgi dans les Balkans et le Caucase. Quant aux plus grands de ces pays, l'Ukraine et surtout la Russie, il s'agit de savoir quel type de partenariat l'Union peut établir avec eux et quelle influence elle peut avoir dans leur évolution. La perspective d'une adhésion de tous ces pays est plus lointaine et incertaine et l'Union dispose d'instruments plus limités dans sa politique commerciale et de coopération, qu'elle combine avec les moyens diplomatiques ou militaires de la PESC.

En ce qui concerne la Russie, l'Union a tardé à définir une stratégie économique et politique qui donne forme à son partenariat, bien que, dès la fin de l'Union soviétique, le Conseil européen ait insisté sur l'importance des relations avec le grand voisin. Le programme d'assistance technique TACIS (Technical Assistance to the Commowealth of Independant States) a été durant plusieurs années la principal instrument d'intervention [4]. Un Accord de partenariat et de coopération a été signé en 1994 et a pris effet en 1997.

Ce n'est toutefois qu'après la crise financière de 1998 que la stratégie de l'Union à l'égard de la Russie est devenue plus solide et a commencé à se concrétiser lors des sommets de Paris, en 2000, et de Bruxelles, en 2001. Trois axes se détachent dans ce partenariat stratégique. Le premier est l'élaboration du concept « d'espace économique commun » à partir duquel les relations commerciales entre la Russie et la future Union élargie devront s'organiser, prenant en compte que la Russie fera alors la moitié de son commerce extérieur avec l'Union. Le second axe est un partenariat énergétique privilégié, la Russie étant un grand producteur de pétrole et de gaz naturel. Le troisième axe est un renforcement de la coopération en matière de sécurité et de défense qui devra se traduire par des initiatives conjointes sur des thèmes d'intérêt commun (Balkans occidentaux, Proche-Orient, etc.). D'autres thèmes de coopération à l'intérieur de cet accord concernent la lutte contre le crime organisé, le trafic de drogue, le terrorisme et l'immigration clandestine.

Dans les Balkans occidentaux, les conflits violents qui ont surgi entre les États issus de l'ancienne Yougoslavie ont été le principal sujet de préoccupation de la PESC (cf. p. 137). Cependant, à mesure

---

[4] *Le programme TACIS s'applique également dans les autres pays de la Communauté des États Indépendants (CEI) qui réunit la majorité des États issus de l'ancienne Union soviétique.*

que ces conflits s'atténuaient, l'Union s'est efforcée de faciliter le maintien de la paix et le progrès économique à travers des Accords de stabilisation et d'association conclus de manière bilatérale, et, depuis 1999, à travers le Pacte de stabilisation et d'association qui est le cadre collectif dans lequel se fait le rapprochement [5]. L'élément le plus important dans ce processus est qu'il ouvre la voie à une future intégration dans l'Union européenne, dont la perspective a été officiellement reconnue par le Conseil européen.

L'Amérique latine

Le partenariat que l'Union européenne entend établir avec l'Amérique latine ne découle pas d'une exigence politique comparable à ce que l'on observe dans les régions déjà citées, l'objectif étant ici davantage économique. Il faut noter également son caractère plus récent, la stratégie d'association avec l'Amérique latine ayant été définie par le Conseil européen de Madrid, en 1995. Dans un climat de concurrence croissante pour l'ouverture de nouveaux marchés, l'Amérique latine présente un intérêt fondamental, l'Union européenne étant le premier investisseur et le second partenaire commercial de cette région. Toutefois, les projets de l'Union dans cette partie du monde entrent en concurrence avec ceux des États-Unis qui, après avoir créé la Zone nord-américaine de libre échange (NAFTA selon le sigle anglais) avec le Canada et le Mexique, négocient actuellement la création d'une Zone de libre échange des Amériques qui inclurait la totalité du continent.

L'Union européenne entend ouvrir un dialogue politique et économique avec la totalité des pays d'Amérique latine et des Caraïbes, ainsi qu'elle l'a manifesté lors des sommets qui ont réuni les chefs d'État et de gouvernement à Rio-de-Janeiro, en juin 1999, et à Madrid, en mai 2002. Ella déjà conclu des accords de libre échange avec le Mexique et le Chili, mais son intérêt principal se porte maintenant vers le Mercosur qui, non seulement, représente la plus grande partie du marché sud-américain, mais, en outre, est la première union douanière avec laquelle l'Union établit un partena-

---

[5] *Le Pacte de stabilisation et d'association inclut la Bosnie-Herzégovine, la Croatie, la Macédoine, la nouvelle fédération de Serbie et de Monténégro, ainsi que l'Albanie. Rappelons que la Slovénie, issue de l'ancienne Yougoslavie, doit devenir membre de l'Union européenne en 2004.*

riat [6]. Or l'Union européenne a toujours défendu et favorisé la création de blocs régionaux et le Mercosur, à cet égard, constitue un cas exemplaire, ce qui explique l'insistance des Européens à traiter globalement avec celui-ci en dépit des crises et difficultés qu'il traverse.

L'Accord cadre inter-régional de coopération entre le Mercosur et l'Union européenne a été signé à Madrid en 1995. Ses objectifs sont, notamment, de développer et diversifier les échanges commerciaux, de promouvoir la coopération et d'encourager le développement scientifique et technologique, d'appuyer le processus d'intégration du Mercosur et de coopérer en matière de formation, éducation et culture. La partie commerciale de cet accord est celle qui crée le plus d'attentes. Durant le sommet de Rio, en 1999, des négociations ont été lancées entre les deux blocs pour la libéralisation progressive et réciproque du commerce. Il convient de signaler que ces négociations se développement en même temps que celles de la Zone de libre échange des Amériques, sans que l'on puisse savoir celles qui aboutiront en premier. Parmi les problèmes les plus difficiles à résoudre figure l'accès au marché européen des produits agricoles, même si une partie de la production agricole exportée par le Mercosur n'entre pas en compétition avec des produits européens et ne souffre pas de restrictions (cas du soja, par exemple). L'Union, en raison notamment de l'intransigeance française sur ce point, ne souhaite pas discuter cette question hors du cadre de l'OMC.

La politique extérieure et de sécurité commune (PESC)

De la Coopération politique européenne à la PESC

La question a toujours été posée de savoir jusqu'à quel point l'intégration européenne devait avoir également une dimension politique. Au lendemain de la seconde guerre mondiale, déjà, les premiers pas de l'intégration ont été liés à des préoccupations

---

[6] *Le Mercosur réunit le Brésil, l'Argentine, l'Uruguay et le Paraguay. Créé comme marché commun par le Traité d'Asuncion de 1991, il en est encore au stade de l'union douanière.*

stratégiques en réponse à la menace soviétique. Par la suite, le projet d'intégration est devenu davantage économique bien que la question de la coopération politique, plus particulièrement dans le domaine de la politique extérieure, soit toujours restée sur l'agenda des gouvernements européens. L'objectif, souvent réaffirmé durant les années 70 et 80, était d'inclure la coopération économique, réalisée dans le cadre de la Communauté européenne, dans un cadre plus large englobant également la coopération politique et constituant « l'Union européenne ». Jusqu'à ce que ce projet soit concrétisé par le Traité de Maastricht de 1992, une Coopération politique européenne (CPE) entre les gouvernements européens a fonctionné en dehors du cadre communautaire à partir de 1970. Tout en ayant le mérite de mettre en route un processus d'intégration politique, elle n'a produit que des effets limités. Les traditions diplomatiques des États membres et leurs priorités géopolitiques étaient par trop différentes et la CPE, fonctionnant sur le principe du consensus, ne réussissait pas à les harmoniser.

La fin des régimes communistes et de l'affrontement entre les deux blocs a permis de nouvelles avancées allant dans le sens d'une politique extérieure européenne moins dépendante des États-Unis, et d'une attitude plus concertée entre États membres à l'égard de « l'autre Europe ». Dans cette perspective, le Traité de Maastricht a créé l'Union européenne et ajouté au pilier communautaire un second pilier constitué par la Politique extérieure et de sécurité commune, la PESC (titre V du Traité de l'Union européenne). Diverses modifications ont été apportées par le Traité d'Amsterdam pour rendre plus aisé le fonctionnement de la PESC.

La PESC possède deux volets. Le premier est la politique extérieure commune, c'est-à-dire la possibilité pour l'Union de faire entendre sa voix sur la scène internationale, d'exprimer sa position sur les conflits armés, sur les droits de l'homme ou sur n'importe quel autre sujet pertinent. Le second est la politique de sécurité, désignée actuellement sous le nom de Politique européenne de sécurité et de défense (PESD).

Le fonctionnement de la PESC

La PESC ne fonctionne pas de la même manière que les politiques communautaires incluses dans le premier pilier. En effet, le Traité de l'Union européenne a donné un poids prépondérant aux organes de l'Union représentant directement les gouvernements des États membres (Conseil européen et Conseil), tandis que les pouvoirs de la Commission, du Parlement et de la Cour de Justice sont plus limités. Le Conseil européen occupe un rôle de premier plan, définissant les principes et orientations générales, décidant notamment les stratégies communes qui doivent être exécutées par l'Union. Le Conseil prend les décisions dans le cadre établi par le Conseil européen.

Le président du Conseil européen joue un rôle important dans la PESC, étant responsable pour sa préparation et son exécution et représentant l'Union dans ce domaine, rôles qui incombent normalement à la Commission pour les politiques communautaires. Dans l'exercice de ses missions, il est assisté par le Secrétaire général du Conseil auquel le Traité de l'Union attribue le titre de Haut représentant pour la PESC. Celui-ci dispose d'une structure spécifique, l'Unité Politique. En outre a été créé, en 2000, un Comité de politique et de sécurité (COPS) composé d'ambassadeurs des quinze États membres. Ce comité, théoriquement placé sous l'autorité des Représentants permanents, joue pour la PESC un rôle similaire à celui du COREPER pour les politiques communautaires.

Il est intéressant de constater qu'en dépit du fait que la PESC soit un processus intergouvernemental entièrement contrôlé par les gouvernements nationaux on assiste à la constitution d'un appareil européen, parallèle à l'appareil communautaire, pour sa définition et sa mise en œuvre. Le rôle du Haut représentant, notamment, est de plus en plus mis en valeur dans les négociations internationales ou la recherche de solutions dans les régions en conflit.

De fait, dans le cadre de la PESC, le rôle de la Commission est réduit, même si le Traité de l'Union européenne prévoit explicitement qu'elle soit pleinement associée aux travaux effectués dans ce cadre. Cette association est nécessaire pour garantir la cohérence de la PESC avec les relations économiques extérieures dans lesquelles le rôle de la Commission est primordial. Cela exige une bonne coordination entre le Haut représentant pour la PESC et le Commissaire chargé de la politique extérieure, entre leurs services respectifs, ainsi qu'entre le COREPER et le COPS.

La PESC utilise des instruments spécifiques différents des instruments des politiques communautaires. Ces instruments sont les suivants :

• Les *stratégies communes* : elles sont décidées par le Conseil européen sur recommandation du Conseil dans des domaines dans lesquels les États membres ont des intérêts importants.

- Le Conseil peut approuver des *positions communes* qui définissent la position de l'Union sur une question spécifique.

- Des *actions communes* sont approuvées par le Conseil quand des situations déterminées exigent une action opérationnelle de l'Union.

- Les *déclarations* expriment publiquement et sur le champ le point de vue de l'Union sur des incidents intervenus dans n'importe quelle partie du monde.

- La passation d'*accords internationaux*
- *Les contacts avec les pays tiers*

En règle générale, les décisions relatives à la PESC sont adoptées à l'unanimité. Cependant, les États membres ont la possibilité de recourir à « l'abstention constructive » [7]. En outre, le Traité prévoit que le Conseil a recours à la majorité qualifiée dans deux cas : pour l'adoption de décision en application d'une stratégie commune définie par le Conseil européen et pour toute décision prise pour l'application d'une action commune ou d'une position commune préalablement arrêtées par le Conseil (ces dispositions ne s'appliquent pas aux décisions ayant des implications militaires ou dans le domaine de la défense).

Les résultats limités de la PESC et l'émergence de la Politique de sécurité et de défense (PESD)

Les résultats de la PESC dans son versant politique extérieure peuvent paraître décevants, surtout en ce qui concerne son utilisation lors des conflits armés en ex-Yougoslavie. Ces conflits, qui ont traversé les années 90, avaient été une des principales justifications de la création de la PESC et ont mobilisé de manière permanente l'attention des autorités qui en étaient chargées. Bien que ces conflits soient survenus aux frontières de l'Union, l'intervention de celle-ci est restée seconde par rapport à celle des États-Unis, tant au plan diplomatique que militaire. L'Union est apparue davantage capable de contribuer à la reconstruction, en utilisant les instruments de la politique de coopération, que d'imposer une cessation des conflits,

---

[7] *L'abstention constructive signifie que l'abstention d'un État membre n'empêche pas l'adoption d'une décision. En outre, au cas où l'État membre en question accompagne son abstention d'une déclaration formelle, il n'est pas obligé d'appliquer la décision mais doit néanmoins accepter qu'elle lie l'Union.*

ce pour quoi l'intervention des États-Unis, directement ou à travers l'OTAN, a été déterminante tant en Bosnie en 1995, qu'au Kosovo en 1999. Les interventions militaires de l'OTAN, qui ont impliqué des contingents de pays européens, ont manifesté clairement la supériorité technologique nord-américaine.

De même, dans les conflits du Moyen-Orient, les tentatives de l'Union pour infléchir les événements ont eu des résultats limités et la diplomatie des États-Unis a prévalu. L'Union s'est néanmoins distinguée par l'aide financière apportée à l'Autorité Palestinienne. L'intervention en Afghanistan, après les attentats du 11 septembre 2001, a montré encore plus nettement les limites du rôle que peut jouer l'Union dès lors que les intérêts directs des États-Unis sont en jeu.

La PESC possède un second volet, celui de la politique de sécurité, défini à l'article 17 TUE : celui-ci dispose que la PESC « inclut l'ensemble des questions relatives à la sécurité de l'Union, y compris la définition progressive d'une politique de défense commune (...) qui pourrait conduire à une défense commune si le Conseil en décide ainsi ». Cette formulation était extrêmement prudente et des progrès ne sont devenus possibles que lorsque la France et le Royaume-Uni, principales puissances militaires de l'Union, sont tombés d'accord, en 1998, pour introduire une dimension militaire dans la PESC, donnant naissance à de qui est désormais désigné comme la Politique européenne de sécurité et de défense (PESD). Conformément au Traité de l'Union, la PESD concerne « les missions humanitaires et d'évacuation, les missions de maintien de la paix et les missions de forces de combat pour la gestion des crises, y compris les missions de rétablissement de la paix » (art. 17 § 2 TUE), c'est-à-dire des actions de gestion de crise généralement désignées comme missions de Petersberg [8]. Il faut y ajouter désormais la prise en compte des risques que fait courir le terrorisme international.

Le Conseil européen, dans sa réunion d'Helsinki de décembre 1999, a décidé la constitution de moyens militaires et de police communs. Deux années plus tard, le Conseil européen de Laeken a déclaré la PESD opérationnelle, affirmant que « l'Union a établi des structures et des procédures de gestion de crise lui permettant

---

[8] *Ce nom leur vient de ce qu'elles ont été définies en 1992, lors d'une réunion tenue à Petersberg, en Allemagne, dans le cadre de l'UEO.*

d'analyser et de planifier, de décider et, là où l'OTAN en tant que telle n'est pas engagée, de lancer et conduire des opérations militaires de gestion de crise ». L'Union dispose d'une force d'intervention rapide de 60 000 hommes constituée à partir de contingents fournis par les États et capable de remplir les missions de Petersberg. Pour la gestion civile des crises l'Union dispose également d'une force civile de police [9].

La PESD devait se combiner avec une ancienne organisation de coopération militaire, l'Union de l'Europe Occidentale (UEO), créée en 1948, qui a été intégrée à l'Union européenne en 2000. Il fallut également affirmer la compatibilité de la PESD avec le Traité de l'Atlantique Nord et sa composante opérationnelle, l'OTAN, étant donné qu'en majorité les États membres continuent d'organiser leur défense commune dans ce cadre. En outre, les actions militaires dans le cadre de la PESD dépendent des moyens logistiques de l'OTAN et un accord de partenariat stratégique a été conclu en ce sens en décembre 2002. Enfin, l'Union européenne entend mener son action en conformité avec celle des Nations Unies et reconnaît qu'il appartient en premier lieu au Conseil de Sécurité de l'ONU de veiller au maintien de la paix et de la sécurité internationale [10].

Il n'est pas possible de juger pour l'instant si les nouveaux moyens militaires de la PESD permettront de surmonter les faiblesses que la PESC a manifestées dans les années 90. Il faut signaler, cependant, qu'en dépit de ces faiblesses la PESC a provoqué des changements intéressants dans la manière dont les États membres conduisent leurs politiques étrangères. Elle a obligé à confronter ces politiques à une vision et à des valeurs communes qui s'élaborent dans les réunions de diplomates, de ministres des Affaires étrangères ou de chefs d'État et de gouvernement. De même, la PESC influe sur la manière dont sont produites les autres politiques extérieures de

---

[9] *La première opération de l'Union dans le cadre de la PESD a été lancée en janvier 2003. Il s'agit de la Mission de police de l'Union européenne en Bosnie-Herzégovine, qui a pris le relais du Groupe international de police des Nations Unies.*

[10] *La PESD, qui est davantage une politique de gestion de crise qu'une politique de défense, est loin de rendre compte de tous les efforts faits actuellement par les États de l'Union pour articuler leurs politiques en matière militaire. Mais la diversité de situations est telle, entre pays membres de l'OTAN et de l'UEO et pays neutres, ou entre les niveaux d'effort d'équipement militaire, que ces coopérations ne peuvent concerner que des nombres limités d'État sous la forme de conventions internationales ou peut-être, dans le futur, de coopérations renforcées.*

l'Union, contribuant à leur donner une plus grande cohérence politique et à faire de l'Union un acteur de mieux en mieux reconnu dans les relations internationales. Néanmoins, même avec les nouveaux moyens d'intervention militaire et de police pour la gestion des crises, la force de cet acteur reste davantage dans le champ économique que dans le champ stratégique et militaire [11].

---

[11] *Ce chapitre a fini d'être mis au point alors qu'au Conseil de sécurité de l'ONU se jouait une partie diplomatique à propos du désarmement de l'Irak dont les multiples rebonds empêchaient d'en analyser les conséquences sur la PESC. A la date à laquelle l'ouvrage est envoyé à l'imprimerie cette crise diplomatique approche de son dénouement, sans qu'on sache encore précisément sur quoi elle va déboucher. On peut cependant déjà constater que les divergences persistantes entre les États membres sur l'attitude à adopter face à la politique des États-Unis ont manifesté la fragilité de la PESC en tant qu'instrument d'harmonisation des positions au sein de l'Union européenne en cas de crise majeure mettant en cause l'hégémonie américaine. Et il ne fait pas de doute que la crise irakienne aura de graves conséquences, encore que difficilement prévisibles à ce jour, tant sur l'Union européenne et la PESC que sur l'ONU et l'OTAN avec lesquelles l'Union entendait articuler sa politique extérieure et de sécurité commune (16 mars 2003).*

Conclusion

Cette rapide présentation des politiques de l'Union européenne n'a sans doute pas permis de prendre toute la mesure de leur complexité souvent déroutante. Complexité qui s'explique aisément par le fait qu'elles sont le résultat de compromis négociés entre les gouvernements nationaux, eux-mêmes soumis dans leur propre pays aux pressions contradictoires d'intérêts entre lesquels ils doivent arbitrer. La Commission n'a qu'un pouvoir de proposition et le Conseil représente les États, de sorte qu'il n'existe pas de pouvoir gouvernemental à qui incomberait la tâche de déterminer et conduire la politique de l'Union, pour paraphraser l'article 20 de la Constitution française. L'émergence d'un tel pouvoir démocratiquement responsable est le nœud du problème institutionnel que la Convention pour l'avenir de l'Europe et, après elle, la conférence intergouvernementale auront à résoudre, en imaginant une nouvelle articulation des pouvoirs de la Commission, du Conseil et du Conseil européen [1].

À côté de ce problème institutionnel, quelques questions sur l'avenir des politiques se dégagent qui vont prendre un tour plus aigu du fait l'élargissement. La première concerne les inégalités de développement et les solidarités entre pays riches et pays pauvres. Cette question, qui se posait surtout entre l'Union et les pays tiers va maintenant être au cœur des politiques internes à l'Union et la cohésion économique et sociale nécessitera un effort redistributif beaucoup plus important entre anciens et nouveaux États membres. En effet, seule une convergence économique sur une période relativement brève, que le marché ne peut à lui seul assurer, permettra d'éviter des crises sociales qui remettraient en cause le projet d'intégration européenne.

La deuxième question est liée également à la question de la solidarité mais vue sous un autre angle. L'intégration économique, telle qu'elle a été conçue jusqu'à présent, a transféré au niveau européen la régulation du marché intérieur mais a laissé aux États la responsabilité des politiques sociales redistributives qui sont soumises, de ce fait, à une pression de plus en plus forte. Il n'est guère

---

[1] *Voir en ce sens l'étude faite en novembre 2002 par Jean-Louis Quermonne pour l'association Notre Europe,* La question du gouvernement européen *(www.notre-europe.asso.fr/Etud20-fr).*

envisageable que l'Union intervienne directement dans la redistribution de revenus et il faudra donc, à son niveau, inventer des politiques qui ne soient pas seulement incantatoires pour garantir le « modèle social européen », y compris dans les nouveaux États membres. Si les problèmes que posent les systèmes de santé ou de retraites sont mal résolus, en restant dans le seul cadre national et en rejetant la faute sur les impératifs du marché unique, ils provoqueront un rejet des citoyens qui verront dans l'Europe non une source supplémentaire de citoyenneté mais sa négation.

L'exercice de la solidarité, tant entre États qu'à l'intérieur de ceux-ci, ne sera possible que si le marché intérieur est dynamique et la croissance soutenue. Certes, il n'entrait pas dans le cadre de cet ouvrage de faire une évaluation économique des politiques européennes ou de la capacité de l'Union à impulser la croissance dans la direction fixée par le processus de Lisbonne. Il ne fait pas de doute, cependant, que l'Union devra disposer d'instruments plus performants et s'appuyer sur une volonté politique plus ferme des États membres, que ce soit dans le cadre de la zone euro ou pour assurer la convergence d'un ensemble européen de plus en plus hétérogène.

Sur ces trois questions il est possible de se montrer optimiste si l'on considère qu'en dépit de ses lenteurs et hésitations l'intégration européenne a toujours réussi à progresser, grâce à ce que l'on appelle parfois l'effet de cliquet et l'effet d'engrenage (*spill over*). L'effet de cliquet signifie qu'on ne peut revenir en arrière sur ce qui est déjà acquis : on voit mal en effet comment revenir à des formes plus lâches d'intégration économique surtout dès lors qu'on est passé au stade de la monnaie unique. L'effet de *spill over* vient de ce que chaque stade d'intégration appelle nécessairement des mesures et des politiques nouvelles pour que se maintienne l'équilibre de l'ensemble, quelles que soient les réticences des États à renoncer à leurs prérogatives.

Beaucoup plus incertaine demeure la capacité de l'Union à s'imposer comme acteur politique à l'égard du reste du monde car en ce domaine les effets de cliquet et d'engrenage ne jouent pas : tout dépend de la volonté commune des gouvernements et de leurs leaders, volonté qui peut à tout moment se défaire si les conceptions ou les intérêts divergent trop. Pourtant, la place qu'occupera l'Union dans l'économie mondiale du fait de sa politique économique externe n'est pas détachable de sa politique extérieure en matière politique et militaire. En outre, une unité de vue politique sera de plus en plus nécessaire lorsque l'Union s'élargira à ses franges moins ancrées dans la démocratie comme la Turquie ou les Balkans. Cependant, dans leur résistance à une plus grande intégration politique, les gouvernements ne font que refléter le point de vue de leurs peuples. Il reste à souhaiter que ceux-ci évolueront suffisamment vite sans qu'il soit besoin de passer pour cela par des crises majeures comme celles qui sont à l'origine de la construction européenne, mais, au contraire, en contribuant ainsi à les éviter.

Bibliographie

- d'ARCY François, ROUBAN Luc (dir.), *De la Cinquième République à l'Europe. Hommage à Jean-Louis Quermonne*, Paris, Presses de Sciences Po, 1996.

- BERTRAND Geneviève, *La prise de décision dans l'Union européenne*, Paris, La Documentation française, 2002 (2ᵉ éd.).

- BRAIBANT Guy, *La charte des droits fondamentaux de l'Union européenne*, Paris, Seuil (coll. Points), 2001.

- CARTOU Louis et al., *L'Union européenne*, Paris, Dalloz, 2000 (3ᵉ éd.).

- COMMISSARIAT GÉNÉRAL DU PLAN, *Emploi, négociations collectives, protection sociale : vers quelle Europe sociale ?*, Paris, La Documentation française, 1999.

- COMMISSARIAT GÉNÉRAL DU PLAN, *L'Union européenne en quête d'institutions légitimes et efficaces*, Paris, La Documentation française, 1999.

- COURTY Guillaume, DEVIN Guillaume, *L'Europe politique*, Paris, La Découverte (coll. « Repères »), 1996.

- DEHOUSSE Renaud, *La Cour de Justice des Communautés européennes*, Paris, Montchrestien (coll. « Clefs »), 1997 (2ᵉ éd.).

- DOUTRIAUX Yves, LEQUESNE Christian, *Les institutions de l'Union européenne*, Paris, La Documentation française, 2001.

- DRUESNE Gérard, *Droit et politiques de la Communauté et de l'Union européenne*, Paris, Presses Universitaires de France, 1999 (5ᵉ éd.).

- DUBOUIS Louis, BLUMANN Claude, *Droit communautaire matériel*, Paris, Montchrestien, 1999.

- DUTHEIL DE LA ROCHÈRE Jacqueline, *Droit communautaire matériel*, Paris, Hachette, 2001.

- DURAND Marie-Françoise, DE VASCONCELOS Álvaro (dir.), *La PESC : Ouvrir l'Europe au monde*, Paris, Presses de Sciences Po, 1998.

- GNESOTTO Nicole, *La puissance et l'Europe*, Paris, Presses de Sciences Po (coll. « La bibliothèque du citoyen »), 1998.

- HEN Christian, LÉONARD Jacques, *L'Union européenne*, Paris, La Découverte (coll. « Repères »), 2002 (10ᵉ éd.).

- HÉRITIER Adrienne, *Policy-Making and Diversity in Europe*, Cambridge, Cambridge University Press, 1999.

- HELLY Damien, PETITEVILLE Franck (dir.), *La politique internationale de l'Union européenne*, Paris, Presses Universitaires de France, 2003.

- KEATING Michael, *The New Regionalism in Western Europe*, Cheltenham, Edward Elgar, 1998.

- LAMY Pascal, *L'Europe en première ligne*, Paris, Seuil, 2002

- LEIBFRIED Stephan, PIERSON Paul (dir.), *Politiques sociales européennes*, Paris, l'Harmattan, 1998.

- LENOIR Daniel, *L'Europe sociale*, Paris, La Découverte (coll. « Repères »), 1994.

- LEQUESNE Christian, *L'Europe bleue. A quoi sert une politique communautaire de la pêche*, Paris, Presses de Sciences Po, 2001.

- *L'Union Européenne*, Paris, La Documentation française (Coll. « Les notices »), 1999.

- MAGNETTE Paul, *La constitution de l'Europe*, Bruxelles, Éditions de l'Université de Bruxelles, 2000.

- MAGNETTE Paul, REMACLE Eric (dir.), *Le nouveau modèle européen*, Bruxelles, Éditions de l'Université de Bruxelles, 2000 (volume 1 : *Institutions et gouvernance* ; volume 2 : *Les politiques internes et externes*).

- MAHÉ Louis-Pascal, ORTALO-MAGNÉ François, *Politique agricole, un modèle européen*, Paris, Presses de Sciences Po, 2001.

- MAJONE Giandomenico, *La Communauté européenne : un État régulateur*, Paris, Montchrestien (coll. « Clefs »), 1996.

- MONTAIN-DOMENACH Jacqueline, *L'Europe de la sécurité intérieure*, Paris, Montchrestien (coll. « Clefs »), 1999.

- MOREAU DEFARGES Philippe, *Les institutions européennes*, Paris, Armand Collin, 1999 (4ᵉ éd.).

- MOUSSIS Nicolas, *Guide des politiques de l'Europe*, Bierges, Édition Mols/Pédone, 2001.

- QUERMONNE Jean-Louis, *Le système politique de l'Union européenne*, Paris, Montchrestien (coll. « Clefs »), 2002 (5ᵉ éd.).

- SCHARPF Fritz, *Gouverner l'Europe*, Paris, Presses de Sciences Po, 2000.

- SIMON Denys, *Le système juridique communautaire*, Paris, Presses universitaires de France, 1998.

- DE TEYSSIER François, BAUDIER Gilles, *La construction de l'Europe*, Paris, Presses Universitaires de France (coll. « Que sais-je ? »), 2000.

- WALLACE Helen, WALLACE William (ed.), *Policy-Making in the European Union*. Oxford : Oxford University Press, 2000 (4th edition).

L'information la plus complète sur les politiques de l'Union européenne se trouve sur le site internet de la Commission (www.europa.eu.int)

Il existe de nombreux sites internet de centres de recherches rattachés aux principales universités européennes ou nord-américaines qui fournissent des informations et des textes de recherche sur l'Union européenne et ses politiques. Nous nous contenterons de citer ici celui du Centre Robert Schuman de l'Institut Universitaire Européen de Florence (www.iue.it/RSC) qui permet l'accès à de nombreux autres sites.

La Lettre de la Fondation Robert Schuman envoie chaque semaine par courrier électronique des informations et références sur le processus de construction européenne et permet de connaître les derniers développements concernant les politiques de l'Union (www.robert-schuman.org).

Index

N.B. Cet index concerne uniquement les politiques de l'Union, non ses institutions.

A

ACP (pays de l'Afrique subsaharienne, des Caraïbes et du Pacifique), 128, 129.
Agence Européenne pour la Santé et la Sécurité au Travail, 93.
Agence européenne pour l'environnement, 60.
Agence européenne pour l'évaluation des médicaments, 58.
Agenda 2000, 68.
Agenda social, 90, 91, 93, 110, 112.
Agriculture, v. Politique agricole commune
Aide humanitaire, 125.
Anti-dumping, 123.
Approche intégrée (des politiques), 49, 106, 114, 115.
Asile, 18, 96, 98, 101.
Association Européenne de Libre Échange (AELE), 14.
Audiovisuel, 77, 123, 127.
Autorité alimentaire européenne, 59.

B

Banque Centrale Européenne (BCE), 13, 62-64, 108.
Banque Européenne d'Investissment, 83.
Biotechnologies, 60, 116.

C

Capitaux (libre circulation des), 12, 13, 27, 51-53, 108.
Cassis de Dijon (arrêt), 45, 73.
Centre Européen des Entreprises à Participation Publique (CEEP), 94.
Charte communautaire des droits fondamentaux des travailleurs, 95.
Charte des droits fondamentaux de l'Union européenne, 104.
Citoyenneté, 18, 74, 87, 95, 103, 104, 112, 142.
Co-décision, 32, 36, 37, 60, 85.
Cohésion économique et sociale (v. aussi Politique régionale), 46, 56, 57, 78, 82, 141.
Comité d'entreprise européen, 93.
Comité de Politique et de Sécurité (COPS), 136.
Communauté européenne de l'énergie atomique v. EURATOM.
Communauté européenne du charbon et de l'acier (CECA), 14, 16, 25, 26, 29.
Concentration d'entreprise, 55.
Concurrence, 13, 19, 27, 34, 51, 53-57, 65, 71-76, 78, 81, 90, 111.
Confédération Européenne des Syndicats (CES), 94.
Consommateurs (protection des), 41, 51, 54, 57-60, 69, 74.
Coopération renforcée, 37, 97, 109.
Coopération Politique Européenne (CPE), 16, 119, 134, 135.
Coopération policière et judiciaire en matière pénale, 25, 96, 101.
Coopération au développement, 100, 119, 124.

D

Développement durable, 59, 61, 106, 108, 127, 130.
Droit d'établissement, 53, 88.
Droits de l'homme, 18, 20, 120, 124, 125, 129, 135.
Dublin (convention de), 101.

E

ECHO (Office européen pour l'aide humanitaire d'urgence), 125.
Éducation, 13, 21, 88, 105, 106, 110, 113, 115-118, 123, 134.
Égalité entre hommes et femmes, 91-93, 110.
Électricité, 79.

Énergie, 60, 61, 71, 79, 80.
Entreprises publiques, 56, 65, 72.
Environnement, 27, 40, 41, 51, 57-61, 68-70, 74, 79, 80, 83, 106, 116, 124, 127, 129.
Équilibre budgétaire, 108, 109.
ERASMUS (programme), 116.
ESB (Encéphalite spongiforme bovine), 59.
Espace de liberté, de sécurité et de justice, 87, 95-98.
Espace Économique Européen (EEE), 146.
Espace européen de la connaissance, 115.
EURATOM, 25, 26.
EURES (European Employment Services), 89.
Euro, 13, 51, 62-64, 104, 108, 109, 130, 131, 142.
Europol, 102.
Exclusion sociale, 90, 110, 112, 113.
Extradition, 102.

F

Fiscalité, 53, 61.
Fonds de Cohésion, 81, 83.
Fonds Européen d'Orientation et de Garantie Agricole (FEOGA), 67, 82.
Fonds Européen de Développement Régional (FEDER), 82.
Fonds Social Européen (FSE), 82.
Fonds structurels, 46, 67, 81-85.

Formation professionnelle, 82, 110.
Frontières externes, 99, 100.
Frontières internes, 13, 18, 51, 52, 99-102.

G

GATT (General Agreement on Tariffs and Trades), 12, 68, 122, 123, 126, 128.

H

Harmonisation des législations, 57, 116.
Haut représentant (pour la PESC), 121, 136.

I

Immigration, 18, 90, 96, 98-100, 103, 130, 132.
Instrument de Financement et d'Orientation de la Pêche, 82.

J

Justice et Affaires Intérieures (JAI), 17, 18, 25, 97.
Justice pénale, 98, 101-103.

K

Kyoto (protocole de), 61, 80, 128.

L

LEADER (programme), 84.

Libre circulation des personnes, 13, 18, 37, 87-89, 95-99, 101.
Lomé (conventions de), 128, 129.

M

Mandat d'arrêt européen, 103.
Marché commun, 12, 14, 26, 65, 66, 81, 87-89, 105, 119, 146.
Marché du travail, 87, 90-92, 95, 108, 110, 113.
Marché intérieur, 12, 13, 26, 34, 35, 45, 47, 51-54, 57, 61, 71, 79, 80, 141, 142.
Mercosur, 133, 134.
Méthode ouverte de coordination, 48, 106, 107, 112-114, 116.
Monnaie unique (v. aussi Euro), 13, 51, 61-64, 89, 109, 142.

N

NAFTA (North American Free Trade Association), 133.

O

Office européen pour l'aide humanitaire d'urgence, 125.
OMC (Organisation Mondiale du Commerce), 12, 13, 68, 121, 123, 126, 128, 134.
Organismes Génétiquement Modifiés (OGM), 60, 61.
OTAN (Organisation du Traité de l'Atlantique Nord), 16-18, 138, 139.

P

Pacte de stabilité et de croissance, 63, 108.
Pays d'Europe Centrale et Orientale (PECO), 18, 19, 130.
Pêche (politique de la), 40, 51, 54, 56, 60, 65, 69-71, 82.
PESC (Politique extérieure et de sécurité commune), 17, 25, 39, 119-121, 126, 132, 134-139.
PESD (Politique européenne de sécurité et de défense), 135, 137-139.
Petersberg (missions de), 138, 139.
PHARE (programme), 131.
Police, 18, 72, 98, 101, 102, 138-140.
Politique agricole commune (PAC), 12, 47, 65-70, 126, 129.
Politique commerciale, 26, 119-123, 125.
Politique de l'emploi, 13, 26, 82, 90, 105, 106, 107, 109, 112.
Politique économique, 27, 62, 105-108, 114.
Politique monétaire, 13, 62, 63, 108.
Politique sociale, 41, 48, 90, 91, 105, 106, 113, 114.
Position dominante, 55.
Pré-adhésion, 20, 130, 131.
Processus de Lisbonne, 9, 48, 49, 61, 106, 108, 110, 142.
Processus de Luxembourg, 106, 109.
Proportionnalité (principe de), 28, 74.
Propriété intellectuelle, 54, 122, 123, 126.
Protection sociale, 13, 21, 44, 48, 66, 84, 90, 91, 111-114.

R

Recherche (et développement), 13, 105, 106, 108, 115-117.
Réseaux transeuropéens, 80.
Retraites, 88, 89, 108, 114, 142.
Revenu minimum, 113.

S

Santé, 21, 27, 58, 61, 72, 93, 99, 105, 106, 118, 123, 127, 142.
Schengen (accords, convention, acquis, espace), 37, 97, 99, 101, 102.
Sécurité sociale (voir aussi protection sociale), 72, 89, 91, 92.
Service public, 65, 71-75, 77, 78, 80, 89.
Service universel, 74, 76, 79.
Services d'intérêt économique général, 56, 65, 71-75.
Services postaux, 76, 88.
Société (commerciale) européenne, 94.
Société de l'information, 106, 115, 117.
SOCRATES (programme), 116.
Supranationalité, 15, 27, 30, 38, 44, 45, 105.

Système européen de Banques Centrales, 62.
Système monétaire européen (SME), 62.
Système de préférences généralisées (SPG), 127.

T

TACIS (programme), 132.
Tarif extérieur commun, 12, 52, 126.
Télécommunications, 65, 71, 76, 80.
Télévision, 77, 118.
Terrorisme, 18, 96, 102, 103, 130, 132, 138.
Travailleurs, 12, 37, 53, 87-95, 99, 100, 103.
Turquie, 20, 116, 130, 143.

U

Union de l'Europe Occidentale (UEO), 139.
Union des Confédérations de l'Industrie et des Employeurs d'Europe (UNICE), 94.
Union douanière, 12, 14, 20, 52, 87, 122, 123, 130, 133.
Union économique et monétaire, 19, 26, 37, 61, 62.

V

Visas, 96, 98, 99.

Y

Yougoslavie, 17, 101, 121, 125, 132, 133, 137.

Dans la même collection

Antonetti G. : *La monarchie constitutionnelle.*
D'Arcy F. : *Les politiques de l'Union européenne.*
Ardant Ph. : *Le Premier ministre en France.*
Avril P. et Gicquel J. : *Le Conseil constitutionnel, 4e éd.*
Bernard E. et Gastinel H. : *Les marchés boursiers dans le monde.*
Boudon J.-O. : *Le Consulat et l'Empire.*
Bourdon J. : *Introduction aux médias, 2e éd.*
Bourmaud D. : *La politique en Afrique.*
Bréchon P. : *Les partis politiques.*
Buisson J.-Ph. et Giorgi D. : *La politique du médicament.*
Burdeau F. : *La IIIe République.*
Caillosse J. : *Introduire au droit, 3e éd.*
Camby J.-P. : *Le financement de la vie politique en France.*
Camby J.-P. et Servent P. : *Le travail parlementaire sous la Ve République, 3e éd.*
Cassese S. : *La construction du droit administratif, France, Grande-Bretagne.*
Chevallier J. : *L'Etat de droit, 3e éd.*
Claisse A. et Meininger M.-Ch. : *Fonctions publiques en Europe.*
Constant F. : *La citoyenneté, 2e éd.*
Couffignal G. : *Le régime politique de l'Espagne.*
Croisat M. : *Le fédéralisme dans les démocraties contemporaines, 3e éd.*
Croisat M. et Quermonne J.-L. : *L'Europe et le fédéralisme, 2e éd.*
Dehousse R. : *La Cour de Justice des Communautés européennes, 2e éd.*
Delpit B. et Schwartz M. : *Le système financier français.*
Denis-Judicis X. et Petit J.-P. : *Les privatisations.*
Gaxie D. : *La démocratie représentative, 3e éd.*
Gentot M. : *Les autorités administratives indépendantes, 2e éd.*
Gilbert G. et Guengant A. : *La fiscalité locale en question, 2e éd.*
Guilhaudis J.-F. : *L'Europe en transition. L'esquisse du nouvel ordre européen, 2e éd.*
Hérin J.-L. : *Le Sénat en devenir.*
Ihl O. : *Le vote, 2e éd.*
Lafon J. : *Jérusalem.*
Le Bras-Chopard A. : *La guerre. Théories et idéologies.*
Lochak D. : *La justice administrative, 3e éd.*
Lorot P. et F. Thual : *La géopolitique, 2e éd.*
Loubet del Bayle J.-L. : *La police. Approche socio-politique.*
Mabileau A. : *Le système local en France, 2e éd.*
Majone G. : *La Communauté européenne : un Etat régulateur.*
Martin P. : *Les systèmes électoraux et les modes de scrutin, 2e éd.*
Mény Y. : *Le système politique français, 4e éd.*

MONTAIN-DOMENACH J. : *L'Europe de la sécurité intérieure.*
MORABITO M. : *Le chef de l'Etat en France, 2ᵉ éd.*
MORVAN Y. et MARCHAND M.-J. : *L'intervention économique des régions.*
MOSCHONAS G. : *La social-démocratie de 1945 à nos jours.*
MOURIAUX R. : *Crises du syndicalisme français.*
MULLER P. et SUREL Y. : *L'analyse des politiques publiques.*
NEVEU E. : *Une société de communication ?, 3ᵉ éd.*
OFFERLÉ M. : *Sociologie des groupes d'intérêt, 2ᵉ éd.*
PAPADOPOULOS Y. : *Complexité sociale et politiques publiques.*
PLASSERAUD Y. : *Les Etats baltes, 2ᵉ éd.*
PLASSERAUD Y. : *L'identité.*
PLASSERAUD Y. : *Les minorités.*
PORTELLI H. : *Le parti socialiste, 2ᵉ éd.*
PORTIER Ph. : *Eglise et politique en France au XXᵉ siècle.*
QUERMONNE J.-L. : *L'alternance au pouvoir.*
QUERMONNE J.-L. : *Le système politique de l'Union européenne, 5ᵉ éd.*
RÉMOND B. : *La Région, 3ᵉ éd.*
ROCHE J.-J. : *Le système international contemporain, 3ᵉ éd.*
ROCHE J.-J. : *Théories des relations internationales, 4ᵉ éd.*
ROCHE J.-J. et DAVID Ch.-Ph. : *Théories de la sécurité.*
ROLLET J. : *Tocqueville.*
ROUSSEAU D. : *La justice constitutionnelle en Europe, 3ᵉ éd.*
SADRAN P. : *Le système administratif français, 2ᵉ éd.*
SOMMIER I. : *Les mafias.*
SOUTY F. : *Le droit de la concurrence de l'Union européenne, 2ᵉ éd.*
STIRN B. : *Les libertés en questions, 4ᵉ éd.*
TOINET M.-F., KEMPF H. : *La présidence américaine, 2ᵉ éd.*

Montchrestien - E.J.A.
31, rue Falguière, 75741 Paris Cedex 15
Dépôt légal : Avril 2003
N° d'éditeur : 1679

Imprimé en France. — JOUVE, 11, bd de Sébastopol, 75001 Paris